企业管理经典案例分析

主　编：王永照　徐艳华

副主编：刘　鑫

中国海洋大学出版社

·青岛·

图书在版编目(CIP)数据

企业管理经典案例分析 / 王永照,徐艳华主编. ——青岛:中国海洋大学出版社,2014.4(2017.2重印)
ISBN 978-7-5670-0589-1

Ⅰ.①企⋯　Ⅱ.①王⋯②徐⋯　Ⅲ.①企业管理—案例　Ⅳ.①F270

中国版本图书馆 CIP 数据核字(2014)第 079764 号

出版发行	中国海洋大学出版社			
社　　址	青岛市香港东路 23 号		邮政编码	266071
出 版 人	杨立敏			
网　　址	http://www.ouc-press.com			
电子信箱	appletjp@163.com			
订购电话	0532—82032573(传真)			
责任编辑	滕俊平		电　　话	0532—85902342
印　　制	青岛正商印刷有限公司			
版　　次	2014 年 4 月第 1 版			
印　　次	2017 年 2 月第 3 次印刷			
成品尺寸	170 mm×230 mm			
印　　张	10.5			
字　　数	180 千			
定　　价	30.00 元			

序

　　进入21世纪,社会和经济发展步伐在加快,越来越多的高等院校进行了应用型本科教育的人才培养定位。案例教学法是通过引导学生独立研究和集体讨论的方式,来提高学生的分析和解决实际问题能力的一种有效的教学方法,目前它是一种在高校培养高素质应用型创新人才的重要教学形式,是一个被广泛接受和使用的学习工具。

　　本书正是基于培养具有创新意识的高素质应用型人才的目标,对管理学科的学生的企业管理案例分析课程进行改革研究,选择合适的案例素材与组织形式,达到培养素质高、能力强的应用型人才的目标。

　　为使教材尽量适应各大高校培养应用型人才的时代新要求,我们在编写过程中,在教学理念、教学组织、案例选择和思考问题等方面进行了全面的创新改革,使得本书具有以下特点:

　　第一,突出能力本位的应用型人才培养,创新教学理念——"打破课堂边界"。

　　第二,为提高案例分析的效果,本书提出案例教学组织形式的"四步模式"和"企业角色模拟"。课中的案例分析主要分主讲小组讲解、全班同学讨论、教师点评、成果总结报告四个阶段。而且,在课程中让学生进行"企业角色模拟",亲自"担任"企业高层主管,明确职责,在案例分析中各司其职,通过模拟"企业董事会"来讨论和解决企业中出现的问题。这样很容易激发学生的兴趣和积极性,讨论时气氛也容易调动起来。

　　第三,突出企业管理案例的综合性,本书从企业管理的组织管理、战略管理、生产运作管理、人力资源管理、财务管理、危机管理、营销管理、企业文化管理和国际企业管理等不同的角度进行了甄选课堂讨论案例。管理类不同的专业可以有侧重地选择部分章节重点运用。

　　《企业管理经典案例》主要包括12章内容,精选了37个国内外企业经典管理案例。其中第1章对案例教学的基本概述和教学组织进行了总体介绍;第2章到11章分别从企业管理的不同角度和侧面选择了一个课堂讨论案例和两个课后思考案例以供教师教和学生学,案例主要涉及组织管理案例、战略管理案例、生产运作管理案例、人力资源管理案例、财务管理案例、危机管理案例、营销管理案例、企业文化管理案例和国际企业管理案例等;第 12 章的综合案例主要供学生自主阅读学习。

本书可以作为高等院校管理类专业的教学授课用书,本科、专科教学均可使用,但课时可以随着具体专业进行调整,也可以用作企业在职人员的培训教材。

本书由王永照编写大纲,王永照与徐艳华综合多年案例教学经验汇编而成,由刘鑫对全书进行校对。本书在撰写过程中借鉴、参考了国内外管理学方面的教材和著作等文献资料,也采用了一些相关网站信息资料,在案例尾处都尽可能地进行了资料来源标注,在此一并表示谢意。

对于书稿中存在的不足,恳请读者指正。

编 者
2014 年 2 月

目 录

第1章 企业管理案例分析概述 (1)
  1.1 企业管理案例教学的产生和发展 (1)
    1.1.1 "案例"的渊源 (1)
    1.1.2 企业管理案例教学产生的背景 (2)
    1.1.3 企业管理案例教学在我国的运用 (3)
  1.2 企业管理案例分析的教学目的和意义 (3)
  1.3 企业管理案例分析的教学内容和特点 (3)
    1.3.1 企业管理案例分析的教学内容 (3)
    1.3.2 企业管理案例分析的特点 (4)
  1.4 企业管理案例分析的教学组织 (5)
    1.4.1 案例准备 (5)
    1.4.2 学习小组的创建 (5)
    1.4.3 实验室布置 (7)
    1.4.4 课堂组织 (7)
    1.4.5 案例分析报告的撰写 (8)
    1.4.6 教学组织中需要注意的事项 (9)

第2章 组织管理案例 (11)
  2.1 本章导读 (11)
  2.2 课堂讨论案例 (11)
    通用电气公司的组织管理 (11)
  2.3 课后思考案例 (14)
    案例一：3M公司的创新型组织 (14)
    案例二：杜邦公司组织机构的演变历程 (16)

第3章 战略管理案例 (18)
  3.1 本章导读 (18)

3.2 课堂讨论案例 ……………………………………………………………… (19)
  福特汽车公司的企业战略管理 ……………………………………… (19)
3.3 课后思考案例 ……………………………………………………………… (23)
  案例一:"神奇的苹果"——苹果公司战略管理 …………………… (23)
  案例二:百年青岛啤酒公司战略 …………………………………… (28)

第 4 章 生产运作管理案例 ……………………………………………………… (34)
4.1 本章导读 …………………………………………………………………… (34)
4.2 课堂讨论案例 ……………………………………………………………… (34)
  丰田汽车公司的生产运作管理 ……………………………………… (34)
4.3 课后思考案例 ……………………………………………………………… (39)
  案例一:海尔集团供应链管理 ……………………………………… (39)
  案例二:宜家的 360°管理 …………………………………………… (42)

第 5 章 人力资源管理案例 ……………………………………………………… (47)
5.1 本章导读 …………………………………………………………………… (47)
5.2 课堂讨论案例 ……………………………………………………………… (47)
  麦肯锡:人力资源管理的最佳典范 ………………………………… (47)
5.3 课后思考案例 ……………………………………………………………… (50)
  案例一:微软公司的人才管理 ……………………………………… (50)
  案例二:"赛马不相马"——海尔公司的人力资源开发 …………… (52)

第 6 章 财务管理案例 …………………………………………………………… (55)
6.1 本章导读 …………………………………………………………………… (55)
6.2 课堂讨论案例 ……………………………………………………………… (55)
  资本运作——武钢股份整体上市 …………………………………… (55)
6.3 课后思考案例 ……………………………………………………………… (61)
  案例一:华谊兄弟产业整合案例 …………………………………… (61)
  案例二:制度的缺失——巴林银行的破产 ………………………… (65)

第 7 章 危机管理案例 …………………………………………………………… (71)
7.1 本章导读 …………………………………………………………………… (71)
7.2 课堂讨论案例 ……………………………………………………………… (72)

诚信的缺失——安然、安达信事件……………………………………(72)
　7.3　课后思考案例………………………………………………………(76)
　　　案例一：三鹿奶粉的危机管理…………………………………………(76)
　　　案例二：农夫山泉标准门事件…………………………………………(82)

第8章　营销管理案例……………………………………………………(87)
　8.1　本章导读………………………………………………………………(87)
　8.2　课堂讨论案例…………………………………………………………(88)
　　　天娱传媒——"超级女声"的营销神话………………………………(88)
　8.3　课后思考案例…………………………………………………………(92)
　　　案例一：啤儿茶爽营销失败分析………………………………………(92)
　　　案例二：立白营销渠道…………………………………………………(94)

第9章　创业管理案例……………………………………………………(101)
　9.1　本章导读………………………………………………………………(101)
　9.2　课堂讨论案例…………………………………………………………(101)
　　　马云与阿里巴巴集团……………………………………………………(101)
　9.3　课后思考案例…………………………………………………………(110)
　　　案例一：马化腾与腾讯公司的商业模式………………………………(110)
　　　案例二：蓝色巨人IBM的创业过程与产品转型………………………(113)

第10章　企业文化管理案例……………………………………………(121)
　10.1　本章导读……………………………………………………………(121)
　10.2　课堂讨论案例………………………………………………………(121)
　　　华为"狼与羊"文化的选择与转变……………………………………(121)
　10.3　课后思考案例………………………………………………………(124)
　　　案例一：百年老字号同仁堂——文化传承与创新……………………(124)
　　　案例二：莱钢集团——学习型组织……………………………………(127)

第11章　国际企业管理案例……………………………………………(131)
　11.1　本章导读……………………………………………………………(131)
　11.2　课堂讨论案例………………………………………………………(131)
　　　商业运作——汇源被收购事件…………………………………………(131)

11.3 课后思考案例……………………………………………(135)
  案例一:百度的国际化进程 …………………………………(135)
  案例二:Google 与欧洲文化的冲突 …………………………(137)

第 12 章　综合案例 ………………………………………………(140)
  案例一:淘宝网的神话 ………………………………………(140)
  案例二:史玉柱的"脑白金"传奇 ……………………………(144)
  案例三:玫琳凯——资本运营与营销模式创新 ………………(148)
  案例四:匹克与 NBA 的战略合作 ……………………………(150)
  案例五:吉利收购沃尔沃 ……………………………………(153)

第1章 企业管理案例分析概述

企业管理案例分析是案例主导者结合已有的理论知识和切身经验,以既定的企业管理案例作为研究对象,对其进行分析讨论,挖掘案例中各种问题之间的内在联系和企业管理的实质,谋求提高企业管理实践效果的一种教学组织形式。企业管理案例分析的产生和发展是伴随着社会各界不断地发展、创新、运用,促使企业管理理论实践和教育教学不断变化的过程。

1.1 企业管理案例教学的产生和发展

1.1.1 "案例"的渊源

"案例"最早并不是出现在教育界,而是起源于医学界,是对"医案"和"病历"的统称,详细地说就是将医生诊断病人的症状以及治疗方案记录下来,做到有据可循,为以后出现同类病情处理时提供参考,同时也是刚参加医学工作的医生或者护士学习的素材。

案例被军事行业运用,称之为战例。战例是指某次成功或者失败的典型战争、战役。人们对已经发生的战争进行分析和总结,可以形成军事界的指导理论,运用于未来的战役。比如我国历史上著名的"围魏救赵"作为成功的战例供现代战争借鉴学习;第二次世界大战中"诺曼底登陆"的成功也成为各国战争学习的战例,同时也成为军事院校的教学课程内容。为了培养具有作战实力的战士和将军,军事院校还将战例研究作为一门独立的课程来学习。

最早将"案例"推广应用在企业界的是哈佛大学。1919年,美国哈佛大学将"案例"应用在工商界。当时,哈佛商学院院长多纳姆(Wallance B. Donham)创新了工商界的教育形式,就是引用案例教学,并成立了商业研究处,对商业领域中的大量企业案例进行研究,并将研究结果形成理论指导工商界的实践。在20世纪40年代,哈佛大学已经拥有比较完善的管理案例系统,其中包括了案例主题的选择、案例资料的搜集整理、文件的编写及其应用、案例的保存及更新、管理案例的发行和版权保护等各个方面的内容。由于管理案例教学法在运用初期就显示出独特的力量,对于各大高校培养应用型人才具有可喜的效果,所以这种运用案例进行管理类课程教学的方法受到美国教育行业和企业界的一致认可,许多大企业和基金会慷慨解囊支持管理案例法的研究和运用,促使管理案例法传遍了美国各大高校,有些高校甚至将案例法作为教学的唯一方式。管理案例法也被其他国家模仿、借鉴和学习,这在很大程度上推动了工商管理教育的发展,同时也推广了案例在工商界的运用。

1.1.2 企业管理案例教学产生的背景

企业管理案例教学是伴随着企业管理理论和实践的不断发展变化而问世,日渐成为工商管理教育的一种重要形式。

社会发展方面,伴随着科学技术的发展,英国在18世纪进行了世界工业技术发展史上的一场巨大革命,随后欧美其他主要资本主义国家也进行了工业革命。工业革命引起了组织方式的变化,对社会产生了深刻的影响:自然经济为商品经济所取代,手工工场为机器生产所取代,社会化大生产蓬勃发展起来。

企业管理方面,随着生产力的发展,企业管理面临的经营环境日渐复杂,形势逐渐严峻。企业内部由于规模不断扩大,企业生产组织方式不断改变。企业的运作效率、成本控制以及人事管理等各种问题亟待管理者解决。

管理理论方面,古典管理思想在工业革命初期开始萌芽,主要管理思想是工厂代替作坊及劳动分工能够提高劳动生产率。重要代表人物詹姆斯·斯图亚特,其主要观点是管理人员和工人之间要分工,机器代替工人劳动不会造成工人失业,反而会增加就业机会。亚当·斯密提出经济人的概念和经济自由问题。指导管理实践的管理理论主要是一些管理通则,而这些理论在企业管理发展迅速变化的现实面前局限日渐明显。

高校管理教育方面,许多高校进行工商管理教育主要是运用长篇讲授式的灌输教学法,这样培养出的管理专业学生在毕业后解决企业实际问题时就会显得能力不足,因为很多能力很难通过读书和讲授来获得,而是需要在企业实践中进行体验和学习。由于教育自身的特点,无法让学生长时间离开校园到企业实践代替在校学习,而短时间在企业实习犹如走马观花,只能接触到个别具体情况,片面地了解企业,很难得到企业管理的真谛。这种矛盾状况急需一种新的教育方法出现,管理案例教学法就这样应运而生了。

管理案例教学可以在正常的教育秩序中模拟企业经营,实现学生在校体会各种企业中出现的问题,真正地弥补学生企业实践的不足,并且,学生在企业管理案例分析中可以培养团队意识,模拟企业角色,且可以切身体会,如亲临其境似地处理企业出现的各种管理局面,就像军事界的实战演习,明显地提高了学生能力,受到世界各国高等教育的欢迎。

1.1.3　企业管理案例教学在我国的运用

企业管理案例教学方式自哈佛大学商学院成立之初就被引入课堂,并对全球许多商学院的企业管理教学模式产生深远的影响。哈佛模式就是教师与学生都参与到对企业管理问题的讨论之中,该模式关注的重点既包括案例的设计,也包括课堂技巧。

在20世纪80年代,我国将哈佛大学案例教学模式引入教育界,把企业经营过程中出现的各种典型状况加以整理,形成案例资料,供学生在学校课堂中讨论、分析,并总结出解决方案。随着案例教学得到广泛的重视和不断的发展,该教学模式成为管理类专业的重要实践教学模式。

1.2　企业管理案例分析的教学目的和意义

在教育界,长期形成的灌输式教学方式,使得学校忽视了学生动手操作和解决实际问题的能力,重视课本知识的纯记忆和应试的技巧,以至于学生多年的应试学习成为一种惯性,最终到社会上工作才发现高分低能。究其原因,首先,科学知识本身就随着社会发展不断改变,新知识也会在一段时间后过时,知识也需要不断更新;其次,理论知识需要学生在社会实践中体会才会更好地掌握运用。而企业管理案例分析就本着提高学生从事企业实际管理工作能力的目的,在组织过程中培养他们发现问题、分析问题和解决问题的技能,塑造有真才实学的人才。

企业管理案例分析可以帮助学生建立系统的知识体系,将理论与实际结合,提高课堂理论教学效果;并增强学生对已学过的专业知识的理解,促进知识内化成素质和能力;推进"启发式"教学,提高教学质量。

1.3　企业管理案例分析的教学内容和特点

1.3.1　企业管理案例分析的教学内容

案例分析过程中涉及的知识非常广泛,应该说是一个综合了知识和技能的体系,主要包括案例分析的直接对象涉及的教学内容和案例分析的方法、技巧涉及的教学内容两大部分。

(1)案例分析的直接对象

企业管理案例分析选择研究的对象是企业案例,这是案例的核心组成部分。案例涉及的企业管理内容非常广泛,比如企业管理的原理、组织结构,企业的经营计划和战略决策,生产技术、生产计划、生产运作管理或设备管理,财务管理、人力资源管理、营销管理和销售、供应管理等等。企业管理的每一个方面都可以成为案例分析讨论的内容。

(2)案例分析的方法、技巧

案例分析的方法和技巧是企业管理案例分析教学内容的重要组成部分,它们会影响到案例分析的效果。案例分析是一个需要在已有的理论上进行创新思考的系统思维过程。在案例资料整理环节可以锻炼学生的文献资料查询整理能力;在讨论环节可以训练学生的口头表达能力;在总结报告环节可以提高学生的书面表达能力。整个过程是一种读、写、说的综合训练。

1.3.2 企业管理案例分析的特点

企业管理案例分析具有案例选择广泛性、方法技巧灵活性、教学重实践能力培养、鼓励分析者有创新观点的特点。

第一,企业管理案例选择具有广泛性、方法技巧灵活、教学重实践能力培养的特点。

企业管理案例分析的教材很多,案例分析的研究对象可以从已订的教材中进行选择,但是,不能以固定的书本作为唯一的教材。因为任何教材内容都需要随着社会发展与人们认识水平和角度的改变而进行补充和丰富更新。而且,在高校教学课程设置时,企业管理案例分析一般给高年级的学生开设,因为他们已经拥有一定的理论基础。可以鼓励学生从身边寻找熟悉的或者当地的,甚至正在进行的创业案例,作为案例分析的素材,这就要求教师在进行案例分析课程的组织时不能照本宣科,要根据学生的情况有选择地进行案例的甄选,运用灵活的教学方法激发学生进行案例分析的积极性,训练学生从实践角度出发,提升运用所学理论知识分析实际问题的能力。

第二,鼓励案例分析者有创新的观点。

对于管理类专业的学生,创新意识的培养是至关重要的。管理本身就具有创造性和变化性,企业在复杂多变的社会环境下经营出现的各种问题,仅凭经验是很难解决问题的。这就要求案例分析者不仅要认真研究过去的经验和教训,更要鼓励分析者有自己的主见，提出切实可行的创造性管理方案，提升学生分析问题和处理问题的系统思考能力和解决实际问题的综合素质。这也是企业管理案例分析重视培养学生实践能力的重要体现。

1.4 企业管理案例分析的教学组织

通常在案例教学组织中，会有教师主导型、学生主导型、师生互动型和情景模拟型等案例教学组织形式。为提高案例分析的效果，本书建议将四种组织形式综合起来进行，具体教学组织步骤如下。

1.4.1 案例准备

企业管理案例教学方式自哈佛大学商学院成立之初就被引入课堂，但哈佛模式的案例讲究资料全面，内容繁杂，在应用于国内案例教学时出现了一些问题，包括文化背景的差异和管理背景资料认识的缺失等。也有许多企业管理教师喜欢选择著名的国内外大企业，比如海尔、联想、通用等，但是学生接触比较多的往往是身边的中小企业，让学生感觉企业离自己的生活很遥远，或者案例不新颖无法引起学生的参与积极性。

另外，教学中所选的案例具有相对独立性，缺乏有机联系。我们在选择案例的时候，最好能把相对独立的案例通过相关理论联系起来，使多个案例成为一个有机体，更富有逻辑性和整体性。

本教材为了提高学生学习企业管理案例分析的效果，在案例整理方面，充分考虑了经典案例和新案例的结合、成功案例和失败案例的结合。

案例准备环节具体操作思路：教师先将案例任务提前布置下去，让同学们结合已经学习的理论知识，阅读课堂讨论案例背景资料，同时让接受任务的小组整理和更新课堂讨论案例的资料，形式可以多样化，报纸、杂志、图片、视频和整理好的 PPT 都可以，充分调动学生的积极性和兴趣，从多方面来了解企业案例。另外，为了提高学生的自主积极性，在每一章案例讨论时，我们也鼓励学生打破课堂边界，将校内店铺或者学生的创业案例、家乡特色案例拿到课堂中进行分析探讨，这样可以在锻炼提高学生信息搜集能力的同时加强学生解决身边现实问题的能力。

1.4.2 学习小组的创建

（1）课前准备、分组

在案例学习过程中,建立案例学习小组具有十分重要的作用。首先,成立案例分析小组是有效提高分析案例效果的重要前提。其次,小组内成员分工能够实现每个组员参与到案例分析中。另外,小组成员角色扮演可以锻炼、培养和提高学生的企业管理能力。

鉴于中西文化的差异,在小组创建的过程中,要充分考虑到我国的文化背景和特色,不能盲目模拟国外的教学模式。中西在国家文化、民族文化、企业文化和企业管理模式上存在诸多差异,在案例小组建设及以后的案例讨论中都会受到传统文化思维的影响。

为了实现组织有序、讨论气氛活跃的课堂效果,小组创建就更显得灵活、富有技巧性。课前最好通过各种途径,对上课班级同学的基本情况做深入的了解,如学生的籍贯、民族、家庭背景、性格特征和兴趣爱好等,因为这些信息都可能成为案例课程开设效果的重要影响因素,也会不同程度地影响小组的创建活动。这就需要在建组时应该注意:首先,小组成员需要具有较高的责任心和主动自觉性;其次,小组成员之间要相互包容配合。

在充分了解班级情况下,进行小组创建。根据班级人数分组,每个组 7~8 个人。人数太少不能承担企业各部分的职务,人数太多难免出现人浮于事的现象。分组时要考虑到学生的兴趣爱好和专业特长,比如每个小组应该有一个善于统筹规划的,有一个对会计知识掌握很好的,有一个市场敏锐度很好的同学,这样在下一步各小组分工时就容易"定岗",为课堂中激发学生的讨论氛围提供方便。

(2)企业角色模拟

由于现代大学生爱好广泛,知识面广,传统讲授教学方式不能满足他们的需求。课堂学习要进行创新改革来提高学生解决企业实际问题的能力。所以,小组创建后,应创新性地对各组内成员进行企业角色分工,以激发学生的潜能。在课程中让学生进行"企业角色模拟",亲自"担任"企业高层主管,明确职责,在案例分析时各司其职,通过模拟"企业董事会"来讨论和解决企业中出现的问题。这样很容易激发学生的兴趣和积极性,讨论中气氛也容易调动起来。

小组分好之后,每个小组设立一个虚拟企业,起个企业名称,就算是"企业成立",之后小组成员进行企业角色定位。小组成员一般担任企业中的以下角色:企业总裁 CEO、财务总监(或者经理)、销售总监(或者经理)、生产总监(或者经理)、采购总监(或者经理)、人事经理、物流部经理、产品经理等。如果小组人数不足,可以考虑由一个能力强的学生兼两个职务,但是总裁不能兼任高层管理岗位。角色确认好之后,向学生讲解每个角色应该承担的职责和义务,明确在企业董事会中各自发言的重点。

学生企业角色模拟确认有利于学生在案例分析时从自己部门和企业整体战略角度思考解决方案,小组企业提出的方案要在企业会议上讨论通过才能公开向班级其他小组报告。

小组内部建设需要注意的问题:

首先,案例分析小组的负责人要按严格标准进行选择,组长要尽到教师上传下达的纽带作用和组织协调的统筹作用。组长不仅要熟悉教师提供的案例背景资料和教师对案例的组织要求,还要将小组所有成员的讨论观点有所提炼总结,并选择善于表达的成员作为代表登台发言。

其次,组建案例分析小组必须要求所有的组员都扮演企业角色,并各尽其职,在分工的基础上实现协作的小组成果。

1.4.3 实验室布置

企业管理案例分析课程最好安排在实验室上课。实验室需要有多媒体播放器,其他布置要求很简单:大约8张桌子和充足的凳子,根据各高校具体情况而定。圆桌子或者方桌子都可以,相同小组的学生围坐在一张桌子旁边,便于小组内发言讨论。桌子上最好放几个桌牌,标明好公司名称及"XX总裁"、"XX经理",座次要按照国际商务惯例,这样可以尽量贴近企业实际,使学生感同身受,设身处地为企业考虑问题和解决方案。

1.4.4 课堂组织

课中的案例分析主要分主讲小组讲解、全班学生讨论、教师点评、成果总结报告四个阶段。

第一阶段:主讲小组讲解。教师在课前要将课堂案例任务布置给学生,对学生的案例讲解尽量不限制问题,激发学生的发散思维,鼓励学生运用所学理论知识和对企业的调查了解而进行自主见解的发挥。主讲小组通过PPT主要演示案例背景资料信息,介绍本组在课前案例分析讨论进展的基本状况及结论、发现的问题、解决的方法等。由于小组讲解人的语言表达能力和基本素质不同,讲解效果会有所不同,在小组主讲人介绍主要内容后,小组其他成员可以进行相应的补充。

第二阶段:全班案例讨论。在这个阶段,教师主导整个教室大局,所分的每个小组都可以在这个环节对主讲小组介绍的相关案例进行提问,每个小组内部也可以就某个问题进行探讨。如果学生不能提出相关问题,此时,教师应该给予引导和提示,在合适的时间给予回答,并启发学生深入思考,围绕当堂主讲案例引出相关理论及其实践问题,进而引导学生思考问题的解决方法。在这一环节,教师导演,主讲小组表演,充分调动整个班级"观众"的参与,形成热烈的案例讨论气氛。

第三阶段:总结点评。在这一环节,可以分为学生小组点评和教师点评两部分。先让其他小组对主讲小组的案例进行点评,一般学生的理论水平不一定能够点评透彻,但是可以通过学生小组点评分析问题的不同侧面进行点评,同时提高他们的理论水平。学生小组点评之后教师进行点评,教师点评要详略得当、深浅适宜、抓好问题角度,并能纠正学生分析的片面或者偏差,同时还是要鼓励学生大胆发言、有自己的主见。

第四阶段:成果总结报告。通过以上各环节的交流讨论,各个小组都要形成自己的书面成果总结,由组长组织进行。分析自己小组在本次案例讨论课上的所得以及自己的缺点和长处。通过这次讨论活动,进一步弥补自身的不足,为以后走向管理岗位奠定基础。这个阶段可以让小组成员在课下完成。

1.4.5 案例分析报告的撰写

用书面的形式记录案例分析的结果是案例分析学习的最后步骤。案例分析报告是在案例分析课堂讨论之后需要完成的一项重要内容,报告的撰写格式要规范,语言要流畅,内容要有逻辑,参考文献至少3篇,并附上小组成员分工合作和虚拟企业的企业精神等具体信息。这样严格要求有助于学生形成严谨态度的良好习惯并提高学生的撰写能力。

(1)案例分析报告的基本结构

①标题。

案例分析报告的标题可以使用案例正文的标题。标题也可以结合具体企业或者行业添加副标题,这样有助于阅读案例分析报告时清晰案例的主题内容。

②摘要。

主要对案例分析的结论及意义作用进行适当概括性的阐述。

③关键词。

一般要求关键词数量在3~5个,而且选择时要选择案例的主要核心词。

④案例正文。

⑤案例分析。

案例分析是报告的核心组成部分。主要内容包括背景资料的理解、问题分析、解决方案、案例分析结论和心得体会。并且要做到各部分逻辑严谨、分析合适、结论不出现错误。这部分也只是体现学生学习分析案例能力的重要环节。

⑥参考文献。

参考文献时间要新,格式要规范,可以选择书籍、期刊、报纸等资料。

(2)案例分析报告的书写

组内活动,工作落实到具体的人,并由组长协调处理。

按照基本格式有条不紊地整理所需的基本资料、具体的数据和经验总结。草稿完成后,组内还要开展批评和自我批评式的报告修改大讨论,从语言表达、数据准确合理性、方案可行性等各方面严谨地进行检查完善,直至定稿。

1.4.6 教学组织中需要注意的事项

(1)案例讨论不热烈

一方面,中国学生从小的教育时间被控制得很严格,基本是按照学校的时间表进行学习和生活,所以其学习、生活背景极为相似,当进行案例分析的时候,面对同样的材料,分析结果基本相同,难以引发讨论。

另一方面,受课堂教学条件、班级人数和传统教育意识的影响,大学扩招后班级人数过多,而很多高校又实行不同班级或者专业合堂上课。因此学生在大学阶段回答问题顾虑过多,都不愿出头,希望别人说,或者自己想说又怕说错被同学笑话而不敢说,以至于很多想法都留在了心里,没有表达出来,很难形成热烈的讨论气氛。

另外,案例陈旧和文化差异导致的案例选择不适,都会影响学生参与的主动性和案例讨论效果。

(2)教学方法有待创新

现行的案例教学,赏析多于案例讨论。学生在这个环节中应该注重的是对于案例的思考和讨论,但现在许多老师把大篇幅的案例给学生看后,问几个问题,找几个同学回答后就草草结束了。这样听老师讲案例内容或者自己阅读案例,然后自己总结答案,而不是在讨论后得到的结果,效果将会大打折扣。案例教学要起到应有的能力培养作用需要更灵活有效的创新教学方法。

(3)课堂组织中的主角问题

企业管理案例分析课,是以学生为主题的案例讨论课,在课程组织进行的过程中要时刻注意学生的主角地位,以及教师的辅助引导作用。案例的探讨方向,最好由学生自己思考设定,然后集中大家思想共同讨论,给学生一个自由发挥的空间,树立主角意识,更能激发他们的积极性和热情。课堂上,大量时间用于介绍案例背景资料,而讨论的时间过少,赏析多于案例讨论,也会影响学生的主角地位。

(4) 小组分工问题

对小组成员的了解不到位,小组成员之间的相容性和互补性协调不够完美,在小组内部可能出现成员之间关系不和谐的现象,影响小组活动的进行。另外,组员责任感、团队精神不高,特别是组长责任感的缺失也会使信息交互出现问题,导致整个讨论活动过程过于沉寂。组长的领导作用非常重要,组长选择不合适也是这个环节中容易出现的问题。

对于"企业角色"的选择,也容易出现意见分歧。有些职位会造成哄抢,同时某些职位还是空的。这需要组长的协调和成员之间的相互礼让。

另外,成员对职务的了解有待加深,不然会有职责不清、任务不明的现象发生。

(5) 教师总结问题

案例讨论,答案比较开放,在总结的时候不能一概而论,否则容易抹杀同学的积极性。对课堂中出现的问题,容易出现解答的遗漏,给学生留下困惑。

教师有时不太注意点评的详略、深浅、问题的角度及其纠正学生分析的片面或者偏差,忽视了要通过案例分析课鼓励学生大胆发言、有自己的主见的问题。

(6) 讨论中的困难

小组讨论中遇到困难在所难免。但由于解决方案难寻,使得一些小组放弃了对此问题的探讨,转而研究另一个题目。避难就易使问题没有从根本上得到解决,还容易造成高质量问题的浪费。

第2章 组织管理案例

2.1 本章导读

在企业竞争日渐激烈的市场中,提高企业的核心竞争力和保持较高的盈利能力是企业的重要经营目标。企业的组织管理系统具有基础性作用,是在保证完成指定目标的前提下,建立高效率的结构,通过对生产经营的统一管理,保证企业的各项工作都顺利进行。

企业组织主要是由企业的管理人员、各种规章制度和企业资源信息等要素构成,企业组织管理的具体内容包括领导体制的确立、组织管理机构的设计、组织成员职责划分和组织工作流程管理。

本章课堂讨论案例:"通用电气公司的组织管理",对通用电气公司及其组织机构的调整和组织管理进行了介绍,内容丰富。适用于课堂讨论组织管理知识的综合运用,提高学生的拓展思维,分析在信息经济、网络经济时代下,企业组织管理模式的发展趋势等实际问题的实践技能。

本章课外思考案例:"3M公司的创新型组织"和"杜邦组织机构的演变历程"。其中,在"3M公司的创新型组织"中,对企业创新型组织的构建模式进行了分析,本案适用于研究创新型组织的构建方法和优化模式。"杜邦组织机构的演变历程"以杜邦公司历史发展上不同阶段的组织形式为分析资料,对企业各类组织形式进行了相关分析。本案例适用于研究组织形式与企业绩效的联系。

2.2 课堂讨论案例

通用电气公司的组织管理

在几十年的时间里,老摩根通过管理,使得通用电气获得巨大的利益。在商品数量和种类上,通用电气公司拥有很多品种、规格。同时,由于在军用品的领域占有一定的市场地位,因此作为一个军用武器的生产承包企业,通用电气公司也会生产导弹系统等电子设备。

一、成立事业部制

因为市场竞争极为激烈,因此,对于通用电气产品的经营和管理,需要很大的管理变革,不仅仅是对于其组织管理形式进行的改革,整个公司的机构进行调整也是极为必要的,需将那些限制公司发展的老旧的管理方式方法进行变革,如对公司的集团组进行扩充、对分部进行扩充、增加新的管理人员等。20世纪50年代初,公司成立20个事业部,它们各自独立经营,单独核算,形成"分权的事业部制"。随着企业经营的需要,该公司对不适应企业发展的组织机构进行了调整。另外,还成立了负责监督整个公司并为公司制定长期的基本战略的董事会。

二、设立战略事业单位

公司的最高领导为改变危机局面,于1971年在原有事业部内设立"战略事业单位",这种举措是公司在企业管理体制上的又一重大变革。公司领导集团认为它是一个有意义的步骤,能够促进公司的发展,所以对"战略事业单位"的建立也相当重视,赋予这种"战略事业单位"以较高的组织地位。为了保证效率和质量,公司会派出一定的人力、物力,对产品进行有选择的管理,这也是一种战略方式,无论是哪些方面,对其未来的发展都是具有预见性的。另外,这种"战略事业单位"也可以应用于各个层面,可与集团、分部、部门各个水平相当。通过建立"战略事业单位",公司不仅改变了危机局面,而且得到了快速发展,通用集团的销售量在1966到1976年之间迅速增长。

三、实行执行部制

大部分的美国企业为了顺应时代发展,采用了新的管理体制。20世纪70年代中期,为了应对美国经济滞胀的现状,一些企业又重新强调集权化的管理体制。琼斯(Jones)接任通用电气公司的董事长后,考虑到美国当时的经济状况,在1977年底进一步调整了公司的管理体制,在最高领导之下,各个事业部之上设立执行部,实行"执行部制"。

执行部制主要由消费类产品服务执行部、工业产品零件执行部、电力设备执行部、国际执行部、技术设备材料执行部五个部分组成。这样,通用电气公司形成了由最高领导机构执行局、执行部、集团、事业部、战略事业单位组成的金字塔式的组织结构。

对于公司下这么多的总部、事业部和战略事业单位,董事长对人事部门、财务部门和法律部门这三个参谋部门直接进行负责,两位副董事长负责领导这五个执行部和其他国际公司,每个执行部由一名副总经理负责。这样一来,既能使最高领导机构更好地掌握企业发展的决策性战略计划,也能增强企业经营的灵活性。

四、构建网络系统

随着第三次工业革命的到来,通用电气将自己的领域扩展到了计算机领域,同时建立起了一个集销售、存货管理、生产调度等职能于一体、功能强大的网络系统。系统将49个州的65个销售部门、11个州的18个产品仓库以及21个州的40个制造部门连接起来,对于顾客下的订单,该套系统可以迅速根据需求确定库存情况,以此来保证出货的速度。

五、成立研究室

对于新产品的创新和发展,也是通用公司极为看重的。通用电气公司在科研上不仅投入了大量人力,也投入了大量的财力。据相关媒体报道,该公司拥有大量的产品研发部门。其中,科研人员的人数约占公司职工总人数的4%,共有17200余人。在财力投资方面,仅1972年公司就投入了超过8亿美元的科研费用。大量的财力投入加上高素质的科研人员,使通用电气公司的科研工作在一些领域取得了较高的水平。随着时代进步与企业的发展,通用电气公司的科研体系也不断完善。目前,公司在其研究与发展中心下设立了材料学与工程部和物理科学与工程部两个研究部。其中,材料学与工程部包括四个研究室,物理科学与工程部包括五个研究室。另外在研究与发展中心下还有三个行政管理部包括:(1)负责将研究成果在公司内外部推广的研究应用部;(2)负责专利申请和专利应用等方面法律事务的法律顾问部。

(资料来源:行业中国 http://z.zhongsou.net)

【讨论问题】

1.结合案例材料,对通用电气公司在企业发展的不同阶段实施不同的组织结构、进行组织管理的演变过程进行相关背景、原因及实施效果分析。

2. 结合案例材料,谈谈通用电气公司组织机构调整的优缺点,分析如何克服通用电气组织结构的缺点。

3. 结合实际,讨论通用电气公司的网络系统和科研体制对其他企业的借鉴。

4. 试论在信息经济、网络经济时代下企业组织管理模式的发展趋势。

5. 结合材料分析通用电气公司能够成为世界性企业巨擘的原因。

2.3 课后思考案例

案例一:3M 公司的创新型组织

创建于 1902 年的美国明尼苏达采矿制造公司(3M)是一家涉及卫生保健、电力、运输、航空航天、通讯、建筑、教育、娱乐与商业等领域的全球性、多元化的综合性企业。3M 公司之所以取得这么大的成功,得益于其不断创新的精神。凭借这种精神,它在整个行业中获得了较高的声誉:"全球最具创新精神企业"(第 3 位);2011 年该公司全球销售额为 296 亿美元,其中海外销售额 195 亿美元,约占总额的 66%;2012 年财富世界 500 强排行榜第 368 位。

一、容忍错误的产品创新

3M 公司的"领袖"——威廉·麦克纳认为,他们应该鼓励那些创新的员工,不能因为他们仅仅是犯了一些错误而对他们的整个工作进行否定,应该激励员工大胆创新。3M 公司创立之初就面临着失败,但他们却在失败的彷徨中,找到了成功的出路。即使是无价值的矿砂,只要想对了方法,用对了地方,它也能成为助你成功的金刚砂。最初的 3M 公司发展极不尽如人意,但正是由于大胆创新,公司才最终取得成功。

二、鼓励奇思妙想的创意

只要努力,任何好的想法都会换来最后的成功。3M 公司从来都不轻易扼杀员工们的奇思妙想,而是容忍和热爱这种奇思妙想。1902 年,发明家奥克把砂纸当作刮胡子刀片的替代品卖给男人们的想法,成就了 3M 公司的第一个拳头产品——耐水砂纸,并被汽车制造业广泛使用。虽然 3M 公司的产品品种繁多,但是他们不是任意扩大产品门类,而是坚持自己的主要专业。伴随着一个又一个稀奇古怪的想法，3M 公司开发出了成千上万个新产品，而正是这些新产品给 3M 公司带来了巨额的利润。

三、15%的规定

3M 公司鼓励职工为找不到归宿的设想寻找成立依据，为此公司专门作出"15%的规定"，即一个员工可以用其 15%的工作时间来证明一个设想是成立的。为帮助这些能够开发出新产品的想法走向现实，公司每年发放将近 450 万美元的吉尼斯专款。正是因为公司对这些想法给予时间和资金的支持，才产生了一系列出色的成果。例如不干胶贴纸，就是一个员工为了固定他的书签而发明出来的。

四、成立新事业开拓组

为了保证新点子的实现，公司成立了一个新事业开拓组。如果一个新点子得不到公司其他部门的资助，他就可以到新事业开拓分部去求援。3M 公司认为只有专职人员才能形成对新事业的热情和献身精神，所以新事业开拓组的人员由工程技术、生产制造、市场经营、推销等方面的专职人员组成，并且这些人员都是自愿加入，只有这样才能保证他们工作的积极性。为了保证整个产品发展过程的进行，同时为了参与中的小组成员能有很好的收益，他们被授予自主权，同时由于可以从产品销量的增长中获得一定的收益，即使最终产品失败了，工作人员也会有很好的收入情况。

五、合理的奖酬培育忠诚

为了保证管理层的人员对于公司的忠诚度，保证整体的稳定，公司对于那些表现良好的工作人员进行奖励，增加其奖金和报酬。当一个人参加一项新事业的开发，他的职务和薪酬就会和他发明的产品的销售额挂钩。这就意味着他不但能保证自己的职务，而且他的职务还会随着发明的新产品的销售额的增长而提升。当然随着职务的提升他们的薪水也会水涨船高。有一些表现极为优越的科学家，由于其工作性质，他们中很多并不想要成为经理，因此公司采用了别的方式对他们进行奖励。

为了在整个行业中拥有强大的竞争力，3M 只有不断地对产品进行创新，依赖企业的创新精神，一点点地增加自己的实力。

(资料来源：学习型组织研修中心 http://www.cko.com.cn)

【思考问题】
1. 3M公司的创新型组织有什么特点?
2. 思考网络经济时代企业组织管理有什么样的创新。

案例二:杜邦公司组织机构的演变历程

杜邦公司(Du Pont Company)创建于1802年,是一家以科研为基础的全球性企业,也是世界上最大的化学品生产公司。公司自成立以来,为适应企业的经营发展和市场的变化,其组织结构也不断革新。许多美国公司都会模仿杜邦公司的管理模式。从最早的依赖一个人进行决策,到后来的集团式经营,再发展到最后的"三头马车式"的形式。

第一阶段:单人决策。

杜邦原本是法国的一个大家族,可由于当时法国的大革命使他们没有了去处,后来他们一行人决定到美国去,直到后来建立起了杜邦公司。当时杜邦公司的主要产品为黑火药,因为时代的需要,杜邦公司的发展极为迅速。但是当时杜邦公司规模比较小,经营的产品比较单一,市场变化不复杂,其经营基本上是单人决策。这一点在亨利领导杜邦公司时期尤为明显。

亨利是军人出身,在领导杜邦公司期间也一直采取铁腕政策独断专行,基本上所有决策都由他亲自制定。在当时整个美国的管理方式,几乎都是依赖经验,所以往往带来的效益并不怎么好,可是亨利使用了一种依靠单个人进行决策的方式。然而,单人决策的经营方式的实行需要领导者拥有非凡的精力,并不是所有领导者都像亨利一样精力旺盛,这也导致其后的继承者无法承受繁重的工作压力而经营崩溃。归根结底,这种单人决策的经营方式已经不适应时代的发展,杜邦公司的组织机构需要调整。

第二阶段:集团式经营。

就在杜邦公司面临崩溃、无人敢接重任、即将出售之际,三位拥有先进管理经验和丰富管理知识的堂兄弟出来力挽狂澜,拯救了杜邦公司。为了有更好的决策方案,他们采用了更好的管理模式。这一套模式是他们费了很多的心思才设计出来的,为了公司更好的发展,设立了一个委员会,作为公司的管理机构,采用投票制。它每周召开一次会议,负责董事会闭会期间公司的基本运营与发展。公司对很多部门进行了重新的组织安排,同时又增加了很多的部门。

由于集团式经营权力集中、统一指挥和专业分工的优点,所以杜邦公司的运营效率显著提高,杜邦公司的发展也相当迅速。

第三阶段:多分部体制。

由于杜邦公司的主营产品为火药,所以它在第一次世界大战期间发展极为迅速,经营规模不断扩大,逐渐走向多元化经营。但是因为原有的组织结构缺乏弹性,不能适应现有的多角化经营,导致杜邦公司亏损严重。为了适应企业的发展与市场的变化,杜邦公司在集团经营的基础上创造了一个多分部的组织结构。这一种组织结构主要是,高层领导主要负责公司的未来大方向上的发展问题,根据产品的具体的市场需要情况,公司会对各个部门进行分权,因此,在不同的领域,杜邦公司都可以拥有一定的领先地位。

第四阶段:"三头马车式"的体制。

杜邦公司为了加强企业的整体竞争力,确立了一种新的组织结构——"三头马车式"。1962年科普兰上任后,为了扭转公司面临的危机局面,不但制定了新的经营方针,还完善和调整了公司原有的组织结构,大胆启用非杜邦家族人员来担任高层管理职位,例如总经理、公司财务委员会议议长等。科普兰的这一举措,虽然降低了杜邦家族对杜邦公司的控制力度,但是也引进了一些高端的管理人才,使得杜邦公司经受住了来自市场上更多竞争者的挑战,逐渐向建筑、汽车、钢铁等行业扩张。另外,杜邦公司还涉及农业、食品与营养、电子、纺织等行业。2006年杜邦公司在世界500强排名197位。

(资料来源:华夏营销网 http://home.hx008.com)

【思考问题】

1. 杜邦公司历史发展上不同阶段的组织形式各具有什么特点?对组织的发展有何有利和不利影响?

2. 分析经济环境对企业在生命周期的不同阶段实施企业组织形式的影响。

第 3 章　战略管理案例

3.1　本章导读

战略管理是一个动态的管理过程，它是企业在内外部环境基础上，根据企业的使命为企业设定战略目标，为保证目标实现进行筹划，并靠着企业内部的力量将企业的决策贯彻实施的管理。

战略管理的重点是制定战略和实施战略。使企业外部环境的变化、企业内部环境的审核和企业战略目标保持动态平衡是企业制定战略和实施战略的关键。战略管理的任务是通过战略制定决策、战略实施和日常管理的维护，维持这种动态平衡，最终实现企业战略管理目标。战略管理的主要环节应该包括战略分析、战略选择、战略实施和战略评价调整。

本章课堂讨论案例："福特汽车公司企业战略研究"。案例对福特汽车公司的战略经营领域和战略选择进行了介绍分析，适用于课堂讨论企业战略选择的行业背景分析及其企业优劣势分析，有助于提高学生制定企业战略的实践操作能力。

本章课外思考案例："苹果公司战略"和"百年青岛啤酒公司战略"。其中，"苹果公司战略"围绕苹果公司的发展规划进行了总结介绍，适合研究公司战略管理的重要性、具体规划及其对经营业绩的影响；"百年青岛啤酒公司战略"介绍了青岛啤酒公司的总体发展战略及其品牌战略、人力资源管理战略和企业文化，可以用于对公司不同发展阶段的战略制定与整体发展战略关系的思考，提高学生整体思考公司发展战略的能力，也有助于学生统筹管理思维的培养。

3.2 课堂讨论案例

福特汽车公司的企业战略管理

1903年亨利·福特先生在美国底特律市创立福特汽车公司（Ford Motor Company），在美国密执安州迪尔伯恩市设立总部。1908年T型车——世界上第一辆属于普通百姓的汽车，由福特汽车公司生产出，从此揭开了世界汽车工业革命的序幕。

福特公司主要由福特金融服务集团和汽车集团两大业务组成。福特的旗下拥有着阿斯顿·马丁·拉贡达公司（Aston Martin Lagonea Ltd）和美洲豹汽车公司，同时福特持有近10%的起亚汽车公司股份和33.4%的马自达股份。

福特汽车公司是世界上最大的卡车制造商，也有多种类别的轿车。1913年，福特汽车公司生产T型车一共达到了1500万辆，开发出了世界上第一条流水线，创造了一个至今仍未被超越的世界奇迹，从此福特先生被誉为"为世界装上轮子"的人。其中轿车方面的产品："Ka"、"嘉年华"和"雅仕"属于多功能经济型轿车；"林肯·城市"属于大型舒适轿车；"阿斯顿·马丁"和"美洲豹"等属于高端华贵汽车；"水星环宇"、"蒙迪欧"、"康拓"等属于世界级别的汽车。卡车方面的产品："银河"、"稳达"和"水星村民"属于微型货车；还有"逍遥"、"彩虹"、"信使"、"助手"、"全顺"、"F"系列皮卡等属于小货车系列；"Navigator"、"Expedition"、"Maverick伊普拉"和"Mountaineer"等属于多用途运动车。

一、福特公司的战略经营领域

（一）汽车集团业务

汽车集团是福特公司的两大业务单位之一，销售市场覆盖了欧洲、美洲、亚太地区的180多个国家和地区的市场，同时公司还和多个国家的汽车生产商有国际商业合作关系。其中北美汽车公司拥有50多套组装和生产设施，主要分布在美国、加拿大和墨西哥；国际汽车公司（IAO）在欧洲、拉丁美洲和亚太地区的22个国家有经营单位。

（二）多样化产品业务

福特公司除了生产汽车产品之外还有与汽车无关的各种经营业务，其中事业部门有气候控制事业部、塑料产品事业部、Rouge 钢铁公司、铸造事业部、福特玻璃事业部、电子事业部（ED）、电工和燃料处理事业部、福特汽车地基开发公司（负责福特汽车公司所拥有的土地及设施的开发、管理、收购和销售）和在汽车租赁行业处于领先行列的赫兹公司。

另外，还有与汽车无关的公司业务，如 1987 年建立的生产拖拉机与农用机械设备的福特新荷兰有限公司；向 160 多个国家提供通信设施的福特太空公司（它是在卫星和地面通信、防御系统和高速信息系统中的全球领先者）；1982 年建立，在空间和汽车工业中提供集成电路设计和测试服务的福特微电子公司。

（三）金融业务

1987 年 10 月，在福特金融服务集团公司建立时，福特再度制定了其金融服务方面的经营策略。福特金融服务集团负责对福特汽车信贷公司、国家第一金融公司和美国国际租赁公司的运营情况进行监督。

福特汽车信贷公司是世界上第二大金融公司，主要为公司的分销商和顾客提供金融支持，截至 1998 年底，公司资产达到 563 亿美元。

国家第一金融有限公司是 1985 年 12 月福特公司收购的，资产达 190 亿美元，已经成为美国位居第二的存贷组织。其主要业务分布在 14 个州，零售分支约 370 个。

美国国际租赁公司是 1952 年成立的第一家从事设备租赁业务的公司，在 1987 年 11 月被福特公司收购。截止到 1988 年，其资产已经超过它原来管理的两倍多，达到 50 亿美元。主要业务有商用车队租赁、杠杆租赁提供资金、商用设备提供贷款、测试仪器租赁、市政金融服务、公司融资、公交工具租赁和不动产融资。

二、福特公司不同时期的战略选择

（一）早期发展战略——集中生产单一产品

福特公司早期的发展策略主要通过不断改进单一产品——轿车。在 1908 年时，T 型轿车比以前的其他车型有很大的改进。在第一年，公司生产销售了 10000 多辆。在 1927 年，福特公司将 T 型轿车的市场丢给了它的竞争对手。随后又推出了新的车型——A型轿车,该型车引领了车体款式的流行和变化多样的颜色。由于A型轿车输给竞争对手,福特汽车公司决定在1932年改变产品,推出V-8型汽车。1938年,福特汽车公司开始以Mercury型车作为突破口发展中档汽车市场。同时,福特汽车公司在市场上不断扩大地区范围,实现公司的规模发展,并在20世纪初开始进入加拿大市场。

(二)一体化战略

福特汽车公司的多样化生产集团在多个部门使用了后向一体化战略,如塑料产品事业部、福特玻璃事业部与电工和燃料处理事业部。

塑料产品事业部。它主要负责解福特公司塑料和维尼纶的需求。

福特玻璃事业部是北美第二大玻璃生产厂,主要为几乎所有的福特汽车公司提供玻璃。同时,也给建筑业、镜子工业、特种玻璃和汽车售后服务等领域供应玻璃。

电工和燃料处理事业部建立于1988年,主要业务是燃料输送装置,生产汽车点火器、小马达、交流发电机以及其他零部件。

(三)同心多样化战略

在1917年,福特公司在生产拖拉机时开始运用同心多样化战略。福特公司现在拥有世界上最大的拖拉机和农用设备制造商之一的福特新荷兰有限公司,它于1978年1月1日成立。福特公司的拖拉机业务和新荷兰有限公司组成了福特新荷兰有限公司,后者是被福特公司从Sperry公司收购来的农用设备制造商。

之后福特新荷兰有限公司又兼并了北美最大的四轮驱动拖拉机制造商——万能设备有限公司,这两项交易是福特公司通过收购实现同心多样化战略的最好见证。

(四)复合多样化战略

1959年,福特汽车信贷公司成立,它是全球最大的专业汽车融资公司,主要向经销商和零售汽车客户提供贷款。在20世纪80年代,福特公司利用此集团积极进行复合多样化经营。在1985年,福特汽车信贷公司收购了国家第一金融有限公司。1987年后期,又收购了美国租赁公司,它涉及杠杆租赁融资、企业和商业设备融资、运输设备、商业车队租赁、不动产融资等业务。

另外，福特公司也有经营多样化产品的部门。福特汽车土地开发有限公司是其中一个，也是跨行业多种经营的典型实例。截至1920年，这个部门在密歇根福特世界总部建立了59个商用建筑。

（五）调整战略

福特公司在经营历史上曾被迫进行了几次调整战略。

第一次是在第二次世界大战后，由于福特公司的亏损速度达到了每月几百万美元，亨利·福特二世被迫调整战略，重组公司，并实行分权制，公司经营也有所好转。

第二次调整是在20世纪80年代初。从1978年到1981年，福特公司的销售额420亿美元下降了40多亿美元，福特公司陷入了严重的企业危机。激烈的国际竞争是亏损的原因之一，但是最重要的原因可能是福特公司的运营方式，包括新车的款式与之前相比并没有多大的差别；部门之间的沟通交流很少；管理层所做的管理工作不称心，而下级向上级部门传达情况也不理想等。

面对这样的情况，福特公司的管理层首先降低了运营成本，从1979年到1983年，节省了4.5亿美元的运营支出。其次，质量也变成了最重要的事情。再者，福特公司改变了设计小汽车的程序。之前，每一个工作单位都是独立工作完成的，而现在很多部门比如设计、工程、装配等部门都会在同一个过程中一起协调工作。最后，新的企业文化是福特公司实行的最重要的改变。在企业文化方面，首先改变了公司的优先次序，从首席执行官Philip Caldwell和总裁Donald Petersen开始，建立了一种新型管理风。之后，在福特公司中人们的关系更加密切，同时更加强调雇员、供应商、经销商之间的关系，展现了一种新的集体工作风貌。

第三次调整，是福特公司放弃了部门经营单位。1989年10月，把它的Rouge钢铁公司卖给了一伙投资商，并签署了谅解备忘录。福特公司卖掉这家公司的原因是它不想支付实现其现代化的成本，其中每年要花费1亿美元来实现现代化。除此之外，福特公司还做出其他放弃决策，包括在1986年和1987年先后将漆料业务和化工业务卖给了杜邦公司。

第四次调整，是兼并经营战略。在1989年11月2日，美洲豹私人有限公司被福特公司以25亿美元收购，以作为消除产品缺乏在豪华轿车市场上的竞争弱点的一个手段。在豪华类别上有一些竞争轿车,包括本田阿库拉·传奇、丰田公司的凌志 LS400 和宝马三个系列。在 1989 年,豪华轿车有 250 亿美元的需求,同时预计在 1994 年能增长到 400 亿美元,整个汽车市场的增长速度远不如这个增长速度。美洲豹轿车是福特公司当作进入美国和欧洲豪华轿车市场的机遇。

  此外,福特公司也采用了合资经营的战略,这一战略的实行具有重大意义,其中两项合资经营是马自达及日产公司,有五种汽车被福特公司和马自达公司一起合作生产。比如,在马自达生产车间生产的 Probe 汽车,福特公司进行外部和内部的设计,马自达公司完成细节性的工程技术。

  开发前轮驱动的微型货车是现在日产公司和福特公司正在合作进行的一个项目,该车将在俄亥俄州的卡车厂制造,并将由两个公司销售。在澳大利亚,日产四轮驱动车 Patrol 的其中一种车款是福特公司的 Maverick 汽车,销售由福特公司的经销商进行,而福特公司的 Falcon 客货两用车和运货车由日产公司经销商销售。

  (资料来源:世界经理人网站 http://www.ceconline.com)

【讨论问题】

  1. 对福特公司不同阶段采用不同企业战略的背景进行分析,并理解企业战略与行业背景的关系。

  2. 结合材料谈谈福特公司是如何在不同战略业务单位采用不同战略的?

  3. 结合材料对福特公司进行 SWOT 分析,并谈谈你对福特进行战略规划的看法。

  4. 你是如何理解福特公司"放弃战略"的?这对福特公司的整体发展有什么影响?

3.3 课后思考案例

案例一:"神奇的苹果"——苹果公司战略管理

  1976 年 4 月 1 日,史蒂夫·乔布斯、斯蒂夫·沃兹尼亚克和 Ron Wayn 创立了苹果公司,它属于一家高科技公司,以电子科技产品为核心。总部设在加利福尼亚州的库比蒂诺,它具有独特的创新能力并且闻名世界,我们所用的 iPod 音乐播放器、iTunes 商店、iMac 一体机、iPhone

手机和iPad平板电脑等都是知名品牌。iPod外表简洁大方,可以说是时尚的象征,iPod播放器是2001年被推出的从而成为苹果公司战略规划辉煌的起点,2007年iPhone的推出代表着智能手机市场的原有格局被瓦解了。在过去的10年战略规划中,随着这几款明星产品的推出,苹果公司销售额快速增长,利润率一直保持高水平,甚至一直保持两位数的增长率。而从2004年以来,索尼最高增长率才为13%,最低则为负增长。

一、苹果公司的战略选择

(一)打造用户体验

苹果公司在个人电脑刚诞生的年代辉煌一时,风光无限,然而20世纪80年代公司内部管理出现问题,赤字严重,所以乔布斯离开苹果公司,创立了一家软件公司NeXT和皮克斯(Pixar)动画工作室。20世纪90年代Wintel联盟兴盛后,苹果逐渐成为对图形、设计方面有专业需求的利基品牌。90年代末乔布斯重振苹果,积极调整战略,宣传苹果文化,以此作为苹果成功的基点。

1996年乔布斯重新回到公司,拯救公司。

1997年担任临时CEO后接手重整苹果公司的任务,将正在开发的40种产品减少到4种。

1998年iMac问世,它具有水果色、水滴形状的塑料外壳。

2001年1月,公布了操作系统Mac OSX,苹果公司的所有产品得到了彻底的革新,苹果文化的品牌形象被乔布斯成功打造成设计、科技、创造力和高端的时尚文化,成为全球业界、消费者关注的热点。

苹果公司界面忠于"简单易用"的原则,战略规划中最重要的就是简化。乔布斯的超强领导能力一向被媒体广泛关注和赞赏,乔布斯是该公司的灵魂和核心资产。苹果的零售店还设计了"数字生活中枢"的用户体验场,是为了更好地吸引更多的消费者,增加"苹果迷"。除此以外,消费者对苹果产品的认知,成功实现了文化、产品、品牌和口碑四者之间的良性循环,并推动该公司的快速发展。乔布斯之所以能成功,在于他能招到很多人才,与很多富有创造力的人建立良好的人际关系;他对事情认真专注,能把精力聚焦于少数几件重要事情上,找到能做出好的用户界面的人,将产品打上"革命性"的标签推向市场。苹果公司通过独特的营销手段和紧凑的供应链、对用户体验的打造有效动员了其目标客户群,苹果公司每年只开发1~2款产品,每款都把科技用到了极致,让消费者吃惊兴奋,同时消费者也知道如何使用它,是口碑营销成功的最强基石。苹果的保密工作做得很好,但在一定时间总裁也会利用大会谈论苹果。

2001年史蒂夫推出打造Apple Store计划的目的是扩大销售的覆盖面,到今天全球有285家Apple Store。Apple Store推出的是数字生活全面体验的空间,其目的是给顾客提供方便,能让顾客可以找到解决问题的方案,店里没有耀眼的灯光、嘈杂的音乐和推销的服务员,给顾客提供的是自由,顾客可以随意摆弄机器,店里还有一对一的零售店会籍,有面对面的培训说明从旧苹果到苹果电脑的转化,甚至指向更高级的项目。

顾客可以在天才吧里与维修人员进行面对面的问题处理,还可以去听Apple Store零售店举办的讲座。从产品服务、iMac、数码摄影、音乐影片制作,到公司零配件供应渠道的不断简化和数字化供应链管理的不断完善,实现了公司经营日渐好转。在2008年,苹果公司超过了诺基亚,被美国权威市场预测研究机构评为全球供应链管理和绩效公司第一位。

(二)数码生活中枢

乔布斯认为,IT公司应将主攻的战场定在消费者的右脑与左心房,应将科技产品融入消费者生活中,实现与顾客一起创作和激动、幻想。

起初,索尼公司就确立了"绝对无意追随别人"的创新技术经营理念,但是正因为此公司忽视了真正打动消费者的理念,过分沉迷于其对产品创新的"杀手本能"。2001年苹果公司开设了一个iPod Lounge网站,用户可以随意建立自己的用户信息,制造自己的iPod附件,还可以提出自己的想法和建议,员工自己维护这个论坛并把好的建议和想法给苹果公司。

2001年,初苹果公司在年报里陈述了其"数字中枢"的商业战略,确立了以用户为中心的"数码生活(中枢)"战略。苹果公司作为一家能够运用独特的工业设计、制造个人电脑整机的公司,其嵌入式网路、图形多媒体保证了独特的市场地位,苹果公司将主要目标群体定为学生、教育界、创意工作者、商务和个体消费者。

2004年7月,由iTune商店卖出的音乐单曲已过亿,8月iPod占有了美国数码音乐播放器一半的市场。在2007年,"数码中枢"的定位拓展为"数码生活",加入消费电子产品是苹果战略的重点,苹果电脑公司更名为苹果公司,苹果公司进军手机市场。苹果已不再是一家电脑公司,它有完善的网络、技术和服务,包括 iPod、iPhone、Apple TV 等消费电子类数码产品。经过近两年的软硬件升级,iPhone 3GS 的基本运算功能具有丰富的娱乐功能和便携性,可以比得上个人电脑,成为了数码生活的核心产品。

(三)搭建苹果公司生态圈

苹果在市场上的成就归功于 iTunes 平台的成功搭建,第一次实现了硬件加软件服务方式的优越用户体验。苹果公司提供"硬件加软件平台"的集成,而软件的内容和硬件设备是由参与生态圈打造的第三方提供的,苹果公司担任了看护者的角色;为了支持用户购买单曲,将音乐版权的门槛大大降低了,并集成了 EMI、SONY 等主要版权音乐发行方,iPod 和 iTunes 的集成使音乐资源和播放器之间实现了"即插即用",数字播放器的用户体验得到了优化。

iPhone 加 App Store 与 iPod 加 iTunes 是相同的经营模式,不同的是 App Store 软件的开发群体是第三方,iPhone 的移动终端应用得到了大大的发展,iPhone 2007 年面市,它具有大约 5000 个应用软件,内置 Google 互联网服务和基于 iTunes 的影音内容提供。iPone 对第三方进行发布,Apple Store 应用服务吸纳了第三方软件开发商,没有资质限制,可以随意在 App Store 上销售软件,但对苹果公司 App Store 发售的软件质量有审查和批准的唯一裁定权。

苹果公司的生态圈"价值网"在纵向上是供应商和苹果产品的用户,在横向上是附件生产商和内容提供商,该公司打造的生态圈是"价值网"共赢。至今,iPhone 加 iPod Touch 在全球大约售出 6 亿台,App Store 上有超过 14 万个可下载的应用程序,这个生态圈的功能至今还没有竞争者可以相比。

二、苹果公司的全球经营业绩

首先,由于语言和文化上的不同,苹果公司的经营业绩在全球市场发展不均衡。苹果公司对世界市场进行地理划分,首先是美国,其次是欧洲、东南亚和日本,最后是其他发展中国家。

苹果公司在美国市场的销售模式和销售业绩即使是世界经济危机期间仍然一枝独秀。2011年,在美国国内需求疲软,大多数传统零售商业绩不佳时,苹果在第一季度的零售额就增长了46亿美元,销售业绩一枝独秀。由于语言和文化类似,对苹果产品使用接受度比较好的是北美、西欧用户,同时在这类成熟市场中苹果产品相关的生态圈的发展比较完善,发展态势良好。同时,由于苹果公司的产品价格偏高,对通讯产业技术水平要求较高,进入发展中国家的市场不太容易。

其次,苹果产品在全球各个国家和地区市场上的价格和普及程度也有所不同。比如应用程序的价格,在亚洲的平均售价是2.69美元,在美国市场最便宜,只有2.43美元,但是在西欧价格最高,高达3.86美元。在普及方面,比如在澳洲和北美市场里最受欢迎的程序种类是游戏,澳洲占售出程序的51%,北美占售出程序的39%。

最后,苹果在中国发展缓慢,业绩不佳。

1993年,苹果电脑公司在北京设立办事处。中国区在苹果全球组织架构中的等级相对较低,因此也影响到在苹果全球供货体系中的地位,制约了苹果在中国的销售和渠道政策。

从人事管理看,苹果中国区人事变动频繁,人事动荡。从2001年中国区首任总经理戴怀宗卸任后,总经理的位置三年四更替,最短仅3个月,最长任期1年多。中国市场唯一被苹果公司总部重视的市场是中国的手机市场。目前,中国在全球是最大的手机市场,PC市场位居世界第二,电子市场消费位居世界第三。以iPhone为例,在2008年8月时,苹果3G版iPhone开始在阿根廷、爱沙尼亚、斯洛伐克和乌拉圭等21个国家上市,2010年9月25日,iPhone正式在中国内地发售,这已经进入iPhone全球扩张的第三阶段。

从渠道管理角度看,苹果进入中国的传统代理商渠道已经远远不能满足对苹果公司"用户体验"的市场开拓。从2006年起,中国的苹果除了在传统分销体制(全国总代理—零售商)之外,开拓了国美、苏宁、百思买这样的零售大卖场,在苏宁等旗舰店中出现了"Apple直销体验连锁平台",开始实验新品发布、售后服务、边际产品销售、终端营销等。

(资料来源:财新网 http://www.CAIXIN.com)

【思考问题】

1. 结合资料谈谈你对苹果公司"用户体验"战略的评价。
2. 谈谈苹果公司技术领先战略在其发展战略中的重要意义。
3. 分析苹果公司的全球战略与本土化战略是如何处理的？你是如何理解苹果公司在中国的发展现状的？

案例二：百年青岛啤酒公司战略

1903年（清光绪二十九年）青岛啤酒厂建立。当时德国占领着青岛，由于占领军和侨民的需要，英德商人开办了啤酒厂，其名为"日耳曼啤酒公司青岛股份公司"(Germania Brauerei Akt.-Ges., Tsingtau)。初期其年生产能力是2000吨，企业用来自德国的生产设备和原料，生产出淡色啤酒和黑啤酒两个品种，产品的质量很出色。销售总代理设在上海、青岛、芝罘、天津、大连。《胶州湾》一书曾记载："日耳曼啤酒公司青岛股份公司生产的啤酒，1906年在慕尼黑博览会上展出，获得金牌奖。"其作者为日本田原之次郎。

1993年7月15日，在香港交易所上市了青岛啤酒股票(0618)，8月27日，青岛啤酒(600600)在上海证券交易所上市。

目前，青岛啤酒公司已拥有50多家啤酒生产厂和麦芽生产厂，分布在国内19个省、直辖市、自治区，并运用并购、合资建厂等多种资本运作方式，构筑了遍布全国的营销网络，基本完成了全国性的战略布局。啤酒生产规模、总资产、品牌价值、产销量、销售收入、利税总额、市场占有率、出口及创汇等多项指标均居国内同行业首位。2012年公司全年实现营业收入257.82亿元，同比增长11.33%；实现归属于上市公司股东的净利润17.59亿元，同比增长1.20%。其中6、7月份，单月销量均突破百万千升。2012年底，青岛啤酒在全国拥有59家啤酒生产厂，是中国啤酒行业品牌溢价能力、盈利能力最强的公司。

新中国建立以来所举办的啤酒质量评比的所有金奖几乎都被青岛啤酒囊括了，并获得了很多世界各地举办的国际评比大赛的金奖。2006年，《福布斯》刊登了青岛啤酒位列"2006年全球信誉企业200强"68位；2007年青岛啤酒荣获亚洲品牌盛典年度大奖；在2005年（首届）和2008年（第二届）连续两届入选英国《金融时报》，并发布了其是"中国十大世界级品牌";2009年,青岛啤酒荣获上海证券交易所"公司治理专项奖——2009年度董事会奖";2010年,青岛啤酒获得"首届中国绿金奖"、"2010中国最佳雇主企业"、"中国企业社会责任百强榜";2011年,青岛啤酒荣获"中国最受尊敬企业十年成就奖"、"国际碳金奖"、"最佳企业公民"、"中国最佳雇主"等殊荣。2012年;青岛啤酒再次荣获"最受尊敬企业"的称号,再次登榜《财富》获得"最受赞赏中国公司"、"中国绿公司百强"等称号。

一、总体发展战略

青岛啤酒以"创世界驰名品牌,建国际一流企业"为战略目标,力争将"青岛啤酒"这一中国驰名品牌发展成为世界驰名品牌,打造成国际一流企业。

20世纪90年代中期,青岛啤酒利用"青岛啤酒"驰名商标,以"发展青岛啤酒,弘扬民族工业"为公司使命,以弘扬民族工业为旗帜,不断扩展企业规模、开拓市场,不断进行技术革新和管理制度的创新,并实现企业经营业绩的提高。

二、青岛啤酒品牌战略规划

第一阶段:单一品牌阶段。在1993年之前,只有"青岛啤酒"一个品牌,而且没有投放广告,青岛啤酒品牌发展速度缓慢。

第二阶段:品牌扩张阶段。1996年开始,青岛啤酒在全国进行大规模兼并收购,品牌战略由"做强"向"做大"迈进,青岛啤酒的高品牌与低市场占有率和产量不相称。

第三阶段:增强品牌核心竞争力阶段。随着品牌的迅速"做大",企业暴露出很多问题,最典型的问题就是青岛啤酒品牌多而杂、品牌定位不清晰、品牌管理不规范和品牌传播跟不上等。鉴于此,2002~2007年青岛啤酒以"明晰品牌发展思路,整合营销核心资源,规范品牌管理体制,创建品牌运营机制"为核心思想调整品牌战略,并实施了以品牌整合聚焦为核心的第一个五年品牌战略规划。青岛啤酒的"三位一体"(如图1所示)品牌管理战略是将产品销售、品牌传播、消费者体验三种竞争手段结合运用的营销模式。

2004年,青岛啤酒将品牌内涵定为"自信、激情、开放、进取",提出"激情成就梦想"的品牌主张。

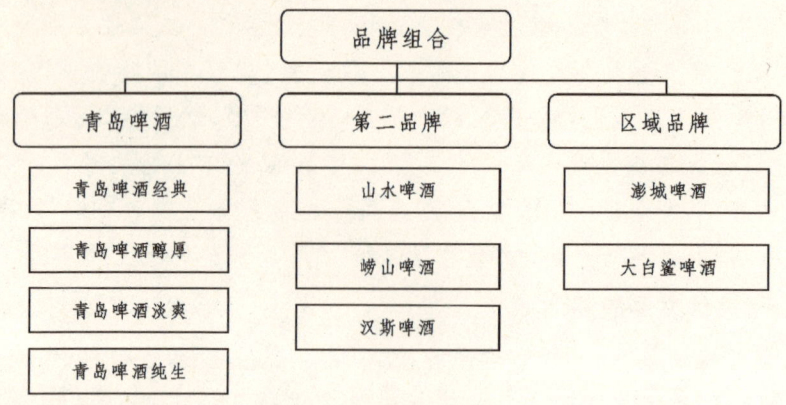

图1 青岛啤酒品牌组合

2005年青岛啤酒成为2008年奥运会赞助商,在全国展开了一系列的营销行动。

2005年5月,为了实现青岛啤酒全国性统一营销,青岛啤酒冠名与青岛啤酒"激情成就梦想"主张一致的央视电视节目"梦想中国"。

2009年,青岛啤酒鼎力赞助"炫舞激情"NBA啦啦队选拔赛,本活动荣获"2009年十大体育营销经典案例"。

三、并购战略

第一阶段:兼并初期。

在早期的青岛啤酒收购计划中,一切似乎都不明确。直到后来收购了西安和扬州的啤酒厂,确定的收购计划才开始。但是后来的发展道路并不顺利,西安啤酒厂一直在亏损,祸不单行,扬州的啤酒厂也一直在亏损,市场目标并不能达到预期的效果,后来青岛啤酒的市场占有率一直下降。1996年青岛啤酒公司董事会决定提出新的战略方向,停止收购步伐,开始内部整合。

第二阶段:1997~1999年末为并购的发展期。

这一时期的并购路线明显清晰,它的特点是:以低成本扩张为手段,并购对象多为资金紧缺、生产设备落后、生产技术落后、无法继续发展的地方性小企业。在众多收购行为中,规模的迅速扩大,使得青岛啤酒将青岛作为其生产基地,辐射山东乃至全国的网络建立起来。到20世纪末,青岛啤酒共收购了10个省的25家啤酒生产企业。同时消费者对青岛啤酒的需求量空前扩大,1999年末达就到107万吨之多,一下就上升为全国生产能力最大的啤酒集团。但与此同时存在的问题也表现了出来,利润急速下滑。公司总部马上召开了董事会,找出了问题所在:如果只满足于收购那些地产地销、规模在5万吨左右的小厂,不仅收购成本高,成本规模扩大慢,产品的附加值太低。

第三阶段:2000年至今为并购的成熟期。

量变引起质变,青岛啤酒开始了新的发展,与最初的寻求数量和规模上的扩张不同,目前的企业开始向追求质量转变。而且目前选择兼并的那些生产商,大多是一些生产技术比较成熟、交通较为发达的地区的企业,其中包括上海嘉士伯、北京五星、北京三环啤酒这三家中外合资的企业。这加强了青岛啤酒对于整个啤酒行业的掌控能力。另一方面表现为,青岛啤酒由原来的加快并购步伐转移为强化内部整合。

由于大量的兼并计划需要大量的资金,于是青岛啤酒通过借钱的方式解决资金问题,同时,负债率的逐渐升高也使公司的资金情况不好。为了募集资金,青岛啤酒与美国一家公司签署了协议,加强了双方之间的交流,实现了一定程度上的对接。

管理成本的下降也为管理带来了一定的难度,随着建设销售网络工程的完成,子公司的管理技术进一步改进,营业费用和管理费用存在很大的压缩空间,业绩有所上升。

四、营销战略

青岛啤酒将"顾客价值"作为导向,在梳理发展指导思想的过程中,正式提出了以从生产型企业向服务型企业过渡为核心的新战略。将这一战略落实下去,就能进一步转变企业运行机制,真正同市场接轨,从而形成新的企业竞争优势。

由于高中低档啤酒市场不尽相同,青岛啤酒以此进行差别定价,采用差异化战略。总体说来,对价格最为敏感的是低档啤酒。由于青岛啤酒拥有运输方面的成本优势和区域性优势,所以在该部分市场采用跟随定价的方法,即与竞争对手保持相同的价格,以提高经销商利润空间的方式吸引经销商,并通过推广津贴策略、销量完成奖励策略、阶梯销量折扣体系来最大限度调动经销商的积极性,充分调动经销商资源。中档啤酒市场对价格的敏感度较高,为赢得中档啤酒的市场,青岛啤酒借助自己在设备、产能上的低成本、高产量等优势,同竞争对手进行价格竞争。根据自身的发展情况,公司采用了新的战略方针,通过对消费者进行促销为辅助,拉动市场的消费需求,来增加销量。

五、人力资源战略

从2003年开始,青岛啤酒就已经开始了对人力资源系统的建设,寻求在最短的时间内,建设起可以为公司培育人才的机制。

第一,公司建立了"横向立法,纵向执行"的总部、子公司和区域营销公司三级人力资源管理体系来配合公司组织机构的改革。

为了实现有效的管理,关注人员的培养机制,因此成立了区域营销公司。对于政策、制度和流程的管理和制定都需要人力资源总部的支持与监督。

第二,公司制定与完善了人力资源管理制度和流程。

公司希望对制度进行完善,对流程进行规范,一切过程都按照制度来办事。在过去的几年里,先后从人力资源规划、招聘与配置、组织设计与岗位设计、绩效管理、薪酬与励、培训与发展、员工关系、人力资源信息系统八个职能板块制定了20个主要的工作流程和23个管理制度。

第三,有效的人才队伍。

在人数众多的管理队伍中,人员间的水平差异大,很多人员甚至并不是专业性的。为了迅速提高HR人员的专业素养,人力资源总部在加大外派进修和集中培训的同时,还对每个人提出了学习目标和学习计划。

第四,引进E-HR系统。

运用引进的新的系统,提升工作效率,同时也实现了透明化管理,不仅使员工的素养得到了提升,也使整体工作得到改善。

通过对职业经理人和酿酒师进行培训,从而提高人员的工作能力。2001年3月,由于青岛啤酒培养和造就了一批有技术、有管理能力的高素质专业人才和几位在全国颇具影响的啤酒行业学术带头人和专业技术人才,国家人事部批准在青岛啤酒科研中心设立国内酿酒行业唯一的博士后工作站。

为了向公司输送人才,公司设立了专业的培训中心,为公司的营销体系、财务体系、各级高管输送人才,为各级人员进行培训;对于那些骨干型的员工进行一级培训,各中层的管理人员实行二级培训,对于基层员工的培训则为三级培训。

针对生产车间操作员工,青岛啤酒通过职业技能大赛、岗位技师评聘和岗培训工程等方式引导员工向"三有"职业化发展,使得"处世有追求"(员工应具有的工作态度和职业精神,表现为敬业、责任、团队、创新、学习等方面)、"术业有专攻"(员工应该具备一流的专业知识和技能)、"举止有方寸"(员工的行为习惯,员工遵守的职业行为规范、标准)。

为了保证员工的差异化发展,公司在未来的发展道路上需要的不仅仅是专家型人才,对于产品的研发,需要新的人才。在市场推广和企业的管理方面,需要管理人员具备一定的职业能力;各个生产子公司,具有很高专业知识的技术型人才也是发展必不可少的人才。

六、青岛啤酒的企业文化战略

长期以来,能够成为一家具有全球影响力的企业,是青岛啤酒的奋斗目标。

利用全体员工的工作热情为广大消费者制造出口感好、满意度高的啤酒是整个企业的奋斗目标。

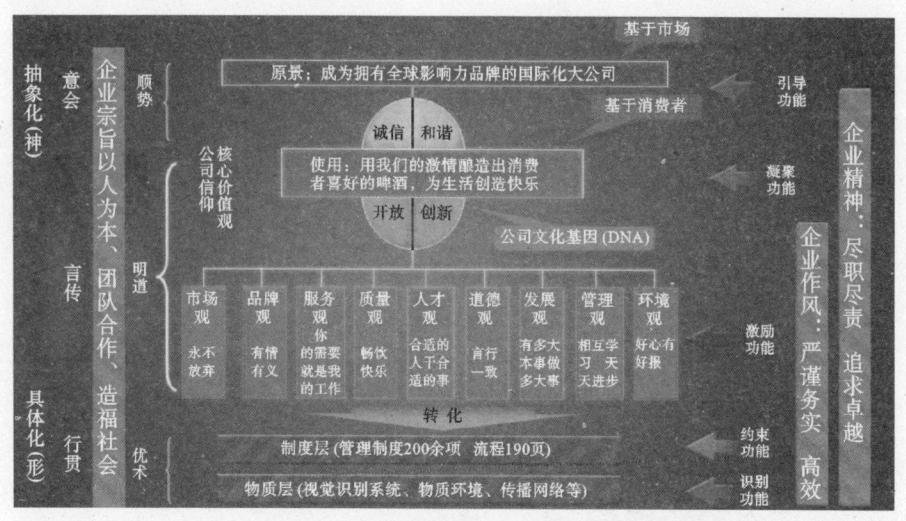

图 2　青岛啤酒的企业文化内容

(资料来源:青岛啤酒股份有限公司网站)

【思考问题】

1. 谈一谈青岛啤酒并购战略对青岛啤酒整体战略的影响,效果如何?
2. 结合材料分析青岛啤酒品牌战略有什么特色。

第4章 生产运作管理案例

4.1 本章导读

为了提高企业竞争力,向顾客提供高质量的产品和服务,达到提高顾客和社会满意度的目的,企业不但要广泛采用先进的生产技术,更要积极探索高效的生产与运作管理方法,优化生产系统。现代生产需要的是既清洁环保又可以实现高效率的生产,其组织管理活动围绕对如何提升生产效率和质量进行展开。不论是对于企业战略的制定,还是企业整体系统的运作,再到最后对企业的控制和管理,都是围绕这一目标进行展开的。

本章课堂讨论案例:"丰田公司的生产运作管理",以丰田公司的生产运作管理的整体结构,对精益生产、标准化管理等方面进行了相关介绍,内容覆盖面广,适用于课堂讨论生产运作管理知识的综合运用。研究标准化管理模式与企业生产管理,可以提高学生结合实际解决问题的能力。

本章课外思考案例:"海尔集团供应链管理"和"宜家的360°管理"。其中,"海尔集团供应链管理"对海尔集团的品牌战略及其供应链管理实施状况进行了分析,本案适用于研究不同企业战略下对企业管理组织结构和生产运作管理的方法的选择。"宜家的360°管理"从宜家集团的产品设计、供应商选择、物流体系的构建和独立的零售商等方面分析宜家将质优价低的产品在世界各地畅销的具体做法,适于研究家居企业对产品整个供应链条的渗入和控制的管理。

4.2 课堂讨论案例

丰田汽车公司的生产运作管理

丰田汽车公司是日本汽车制造行业的领军企业。作为日本汽车制造业的龙头老大,丰田汽车公司几十年来不断地在管理方法、生产技术上创新,目前已成为一家在全球享有良好口碑的企业,其产品在全球消费者心目中的影响地位,不亚于那些国际一线汽车品牌。

丰田汽车公司高效的生产运作体系,虽然受到很多同行业公司的竞相模仿,可是丰田公司从未被超越。丰田汽车之所以成功是由于其高效率的生产方式和良好的组织管理方法,很多同行业甚至是其他行业的制造企业,为了获得同样的成功,不惜照搬丰田公司的管理模式。但是事实证明,"照葫芦画瓢"的方法根本行不通,没有一家模仿丰田的企业,能够最终成功。

过后,福特汽车公司轿车厂每天生产轿车7000辆,顶得上丰田生产厂一年的产量,为此丰田公司的丰田和大野专门对这个厂进行考察。丰田明白要想实现自身的发展,不应该只学习福特汽车公司具体的管理组织的内容,应该实事求是,一切从实际出发,根据自身企业的实际发展情况和本身拥有的企业资源,创立一套适用于丰田长久的组织管理模式;应当将自身的社会文化融入其中,这样才不会在实施阶段受到很大的阻力。同时,为了不影响正常生产,丰田和大野还特意对当时日本国内社会的情况进行了考察、了解,最终建立了一套真正适合丰田汽车的生产管理体制。丰田汽车的质量、产量和效益得益于此举。

一、精益生产的诞生

精益生产是一种由多名员工分组进行,并且利用现代化的高精度的仪器设备的生产方式,因此,它具有低成本、低刚性的特点,彻底摆脱了传统的大批量生产的弊端,也克服了技艺性生产产量效率低的问题,具有不可替代的地位。精益生产与大批量生产有很大的不同。精益生产追求一种完美性,在劳动强度、工具投资、制造空间、产品开发时间方面均只需要大批量生产的一半用量。而大批量生产对质量的要求和保证不如精益生产。

利用大批量生产的模式来生产一些产品,不但效率低而且能源消耗高,同时往往需要对技术人员进行技术培训才能保证产品的质量,这样一来,制造成本自然高了很多,譬如汽车覆盖件冲压模的制造问题,要求生产工艺需要做到极为精细才可以。西方汽车制造商采用一组冲压机来生产同一种零件,这一方法很好地解决了这一系列问题,他们的模具甚至可以几个月或是几年不换。当时的丰田可以使用的流动资金较少,没有能力去制造或是购买那么多的冲压机机床,他们唯一可以使用的只有几条用以生产冲压机的生产线。通过观察,大野有了惊人的发现,由于小批量生产所需的生产库存较少,再加上由于使用零件的数量较少,更换零件极其方便,在生产成本上小批量生产比大批量生产低很多。于是,大野发明了一种可以提高生产效率且减少劳动人员数量的快速更换模具新技术(SMED 法——Single Minute of Dies)。大野最终还得出一个结论,为了实现高效率生产和保证生产成本,一定要雇佣那些操作技能极为熟练的工人,而且这些技师一定要有很高的责任感,然后将这些人分组安排,既保证了生产的效率,也不会使得产品在仓库里压的时间太久,缩短产品库存时间。

二、生产运作环节管理

系统工程学有这样一种观点:"总体大于部分之和",可是汽车设计师在进行设计时,往往忽略了产品在生产的过程中需要大量不同专业的人员相互协同。传统总是分为设计和制造两个环节,一名设计师只会去设计却不了解制造的工艺和细节,往往设计与实际生产分离,为以后的生产带来很多问题。

消费者会根据自己的实际需要情况对车辆进行选择购买,两者相互影响最终实现了丰田公司在 1990 年的销量与美国通用公司持平,要知道当时的丰田汽车的生产规模只有通用汽车的一半。

在普通的企业,对于那些大量生产的产品,制造工人在流水线上只需要进行反复的简单的动作,流水线的员工的负责人并不需要参与制作,他只要保证工程进度就够了;工厂的技师负责对制造的方法与工艺进行修改,也需要按照生产要求对生产过程的规定和要求进行制定。

当某些工人未能参加工作时,工厂里也有一定的"替补队员"。在以往的流水线生产中,即使生产出了残次品,也只能让它从生产线上流动下去,不可能因为拿下残次品而将整个生产线停下来,这样会影响工作效率和产量。

大野采用了一种新的方法。他认为分组后的工人应该负责对工作环境的清理工作,对于工具的维修和对产品的质量检测这些工作,在他看来应交给一线生产的制造者们是最合适不过的了。这些分组后的工人,每个组都有一个组长来同大伙一起参与生产。大野创新使用了 Work 和

QC的方法来使一线生产者对于生产流程和工艺进行建议。他允许流水线上的工人在发现残次品后有权使生产线停下，但是这位员工和他所在的小组必须负责或是借助帮助来发现问题、解决问题，找到生产不合格产品的源头所在。

时过境迁，再去看看现在的丰田生产厂，工人仍然有权利停止生产线的运作，可是却从未见过其停下，而依然采用老式管理方式的西方生产线却经常停止工作，大大影响了生产效率。从长远来说，大野的这种管理组织思想，是有利于提高资源利用率，保证企业效率和产量的。

三、供货环节的管理控制

对于汽车制造商来说，生产一辆汽车，需要大量的质量好、成本低的材料零件，要把他们组装成一个完整的产品，这需要一个强大的系统。不过有一个问题到现在都没有解决，那就是生产工厂的产品的订货问题，例如零件是自制还是外购。大野认为在订购零件时，应当与其他公司达成协议，努力使得双方成本降低，互惠互利，最终实现双赢。

美国的大多数汽车公司多是采用先把设计图纸给协作厂，然后再进行公开招标，来选择合作商。汽车厂跟协作厂之间只是法律上的临时关系，这种关系往往会因为市场的改变而破灭，当然汽车厂可能与那些最省钱、最省时的协作厂进行合作。丰田公司却用内部自制零件的一套流水线设备，去成立了一家新的协作厂。正是这样一种大胆的尝试，为丰田公司带来了人员使用成本降低和生产成本效益的提高，由于双方互持股份，大量的人员交流协同促进了彼此的发展。

丰田公司采用了一种新生产供货方式，也就是著名的"拉动"式实时供货系统。在生产过程中，只有下一道工序需要上一步的零件时，这一步的零件才允许被生产，而且零件生产完成后一定要恰时传递到下一步上。

可是这种模式有它自身的弊端，一旦哪一步的流水线出现问题停止工作，整个产品线会遭殃，可是与"破釜沉舟"具有异曲同工之妙的是，大野的管理思想也彻底融入到企业的生产中去了，这使得并且要求一线的工人们必须时刻紧盯生产线，将问题消灭在"萌芽"中。

四、对工人利益的保障

20世纪40年代末期，日本国内整体经济不景气的形势下，丰田遇到了经营问题,经营者提出裁员1/4,这一提议导致工会和员工的强烈不满。

公司决定,解雇当时的公司高管,由于其作为管理人员没有很好完成工作任务,最终还是有近1/4的员工被解雇。公司为了安抚剩下的员工,提高员工的生产积极性,决定剩下的员工可以享受丰田终身雇佣,并且可以获得公司的一切福利待遇,这一做法起到了安抚人心的作用。40年工龄的工资对于工人,远比20年工资多。假使他去到别家公司,他的工龄从零算起,比20年工龄的工人还要少得多(因为其他日本公司也同时开始实行这种制度)。

为了提高整体生产效率,大野选择对于那些认真负责的工作人员进行晋升与嘉奖,来对那些工人进行鼓励,以此来激励全体工作人员对于自己的岗位要负责认真。实践证明,这种方式取得了很大的成功。公司视员工为比机器还重要的资本,并对其进行技能培训。由于工人在心理上和制度上得到的安全感,使得他们与公司同呼吸共命运,他们会认真地完成派发的任务,也会努力解决工作中的问题。为了维护公司利益,工人们还积极提出合理建议。

五、改善企业与零售商和消费者间的关系

对于丰田公司,精益生产的特性体现在处理生产系统和顾客之间的关系上。由于商品单一,在生产与顾客的关系上,福特公司似乎并不需要分散太多的精力,他们只要保证零售商有足够的货源,消费者可以进行简单的修理,那就足够了。

对于西方的零售商来说,他们改变供求关系及价格来从消费者身上获得利益,而制造商与零售商间的关系极其脆弱,制造商将零售商只是当作对于生产的"缓冲剂"。

丰田公司为了改善与零售商间的关系,通过帮助零售商与顾客之间建立一种有效的关系,来与零售商建立一种长期性的、稳定的、相互信任的、有效的关系。

对于生产商来说,在消费者中的口碑才是最重要的。在美国顾客的心目中,丰田汽车很少出现故障,而且可以与那些经过大量调试人员调试后出厂的造价较高的德国豪华汽车相提并论。丰田的销售人员采用上门营销的方式,使用照单生产的方式是完全可行的。同时,针对消费者,建立了一个庞大的资料数据库,根据消费者的个体差异为其介绍新产品,同时将潜在消费转为现实消费。

（资料来源：丰田官网 http://www.toyota.com.cn/）

【讨论问题】

1. 结合案例，简述丰田公司一系列措施对公司发展的意义。
2. 在激励员工方面，运用管理学知识分析丰田公司的生产管理过程。
3. 丰田公司是如何进行精益生产的？
4. 分析丰田公司生产运作管理的基本理念，比较丰田公司与美国汽车公司生产运作管理的不同。

4.3 课后思考案例

案例一：海尔集团供应链管理

诞生于1984年的海尔集团，至今已成为世界著名的白色家电品牌，创造了很多辉煌的成绩。在2012年，海尔成为"全球最具创新力企业50强"的前十强，当年盈利90亿元，销售额达到1631亿元，连续四年蝉联全世界白电第一品牌；在"2013中国企业500强发布暨中国大企业高峰会"，发布了中国企业500强，海尔入选，也是海尔连续12年入选该榜单，同时本次是在家电行业的第一名。

一、海尔在不同时期的不同战略

第一阶段，公司打造市场创造品牌(1984～1991)。

这是一个国内市场需求极大的时期，出现了供不应求的情况，可是同行业的其他企业只是不断地引进外国的技术，不断地追求产量，可是海尔企业却很明确，应该严抓质量，而且一定要努力成为行业第一。

第二，兼并、合并寻求多元发展(1991～1998)。

在20世纪90年代，海尔根据当时国内政策的调整，按照"海尔文化激活休克鱼"的思路兼并了18家国内企业，扩大了企业的生产规模。同时为了迎合消费者对产品质量的要求，利用差异化优势服务，推出星级服务体系，来应对同行业的价格竞争。

这个阶段的海尔主张当天的任务应当在当天完成，对每个工作人员所做的每件事情都要进行控制和及时完成清理，也就是 OEC（Overall Every Control and Clear）管理法。

第三，走出国门（1998～2005）。

20世纪90年代，在加入WTO的大环境下，虽然很多国内企业碰壁，可海尔还是坚持采用正确的战略走出去，并且完成了对自身品牌的"创造"。海尔采用互联网信息系统，采取以订单为中心的方式，针对国外的市场，建立设计、制造、营销的"三位一体"的模式。

第四，寻求更加广阔的国际市场（2005～2012）。

由于网络的传播与使用，新的消费模式在消费者推动下产生，所以海尔采用了"以用户为中心卖服务"的策略，利用企业自身的资源在国际上创造品牌。最终海尔抓住了这一次机遇，整合了自身资源，创造了品牌。

第五，新时代带来的机遇（2012年至今）。

对于第三次工业革命带来的机遇，海尔将市场和企业进行了网络化，包括用户网络化、营销体系网络化等。海尔为了适应市场新的个性化需要，采用了个性化生产，在管理组织方面也使用新的方法，按照订单组合团队，一切以订单和实际需要为依据。

二、海尔集团货物材料的供应

海尔之所以可以不断发展壮大，一切原因归结于，海尔集团可以抓住不同时代顾客需求的特点，以顾客为导向，然后利用企业的资源进行产品的创新，不断满足人们日益增长的物质需求。为了满足国际市场，管理者们认为应当对管理方法进行改进，对于企业的资源应当进行重新整合，对产品的供应链应当进行优化，组织流程也应该改善。

三、业务流程

海尔在创立初期使用的是直线职能的方式对企业进行管理。随着公司的壮大，部门增多，这种方法的弊端也凸显无疑，因此海尔采取了事业部制的管理结构。不断发展的海尔的组织结构也不断发生变化，到今天，海尔集团采用的是本部制的组织结构。

1998年之后，为了适应国际化的需要，海尔集团对内部的组织形式进行了优化。

最终，凡是公司要对投资的事项进行决议的都是由集团来决定和负责,而集团的本部负责产品市场的经营情况,至于对公司整体利润的保证则是由事业部来负责,控制成本的任务交给了分厂,而那一个个班组,则是海尔集团质量的保证。

海尔做出了调整,首先分离每个事业部的财务、采购、销售,采取统一营销、采购、结算,使商流推进本部、物流推进本部、资金推进本部,然后把原来的职能管理资源从各个事业本部分离出来,最终形成了 3R(R&D——研发、Hit——人力资源开发、CR——客户管理)和 3T(TCM——全面预算、TPM——全面设备管理、TQM——全面质量管理),这两个流程是海尔的支持流程。

整合后的海尔接受了来自全球的订单,本部利用 3R 对新产品进行研发、市场调研,不断满足消费者需求,事业部利用 3T,对订单进行执行实施,利用 c 订煅(计算机集成制造系统)辅助,实现生产。

四、外部供应链的置新整合

(一)与全球的供应商的合作

海尔集团采取统一采购的方式,由于每年的采购量极大,同时为了保证低价格和高质量的来自全世界各地的供应材料,海尔从全世界各地挑选供应商。

海尔以订单为中心,为了实现共赢,与供应商进行合作。由于地理位置的关系,海尔集团选择在位于胶州的经济技术开发区和位于青岛的经济技术开发区建立厂房。当地劳动力资源丰富,人力成本较低,两地都属于青岛一小时经济圈的范围内,因此在地理位置上具有得天独厚的优势。为了降低生产成本和实现共同发展,海尔集团还将政府提供的各种优惠政策装让给了人员分供方。采取统一规划、公开竞争的方式选择进驻的供应商。来自世界各地的材料供应商也都进驻这两个工业园,就是为了向海尔提供更加低成本的材料。供应商将厂房建立在海尔生产厂的周围,方便生产,同时也为当地的居民带来了就业机会。

(二)海尔的物流资源

海尔在全国建立了极大的运输网络资源,在全国拥有 42 个配送中心,并且与 300 多家运输公司建立合作伙伴关系,为海尔配送奠定了基础。

(三)海尔的营销资源

海尔的经销商代理商遍布国内各地,在上海试办获得成功后,海尔集团迅速地将其扩展到北京、广州、济南、武汉等其他中心城市。海尔的电器园分布在全国各地,全国的各大中小城市均可以看到海尔集团的店中店,一些代理商或是经销商经过许可自发建立起了很多的电器园。上海更是成立了一家海尔集团电子商务有限公司,不仅可以帮助海尔集团处理电子商务的事项,更是一种新的尝试。在全国的一线城市,海尔与商家合作的 B2B 合作也在开展中。

国际市场方面,海尔集团根据自身的企业资源,采用了借助外国企业已经建立好的营销网络。享受到已经比较完善的服务网络,海尔利用自身商品的优势在全球逐渐打造出了属于自己的市场,而且这种方式也是学习西方先进的销售营销经验的好机会。

五、建立公司信息网络

海尔集团用了五年的时间,利用 SAP 提供的产品,与国内外的信息系统进行了链接。同时海尔还采取了电子商务的方式,进行网上营销、采购与支付。每年的采购,海尔也是对全世界的供应商进行招标,以保证产品的质量。每次采购的过程都可以进行追踪,在保证材料合格的同时也是对企业的管理,防止暗箱操作。国外的供应商与海尔的计算机实现了互联,供应商可以根据海尔的库存,自动补料。

(资料来源:金融界 http://stock.jrj.com.cn)

【思考问题】

1. 结合案例资料,分析海尔搭建供应链管理的背景和基础平台。
2. 分析海尔集团实施供应链管理和海尔企业品牌战略的关系。
3. 海尔集团为了完成整个供应网络的建设都采取了哪些措施?对海尔的整体生产运作管理有什么作用?
4. 谈谈海尔业务流程改造与海尔组织管理结构的变化影响。

案例二:宜家的 360°管理

当年创办宜家的年仅 17 岁的英格瓦·坎普拉德怎么也不会想到今日的宜家已经成为全球最大的家居用品零售企业。宜家在全球有很多子公司,主要的有商场公司、仓储公司,还有一家负责生产制造的 Swedwood 工业集团。

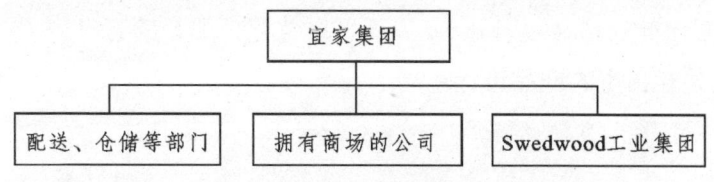

图 1　宜家集团图

如今的宜家主要生产办公用品和卧室用品等家具产品,可是创立之初的宜家主负责文具邮购、杂货等业务。长久以来,宜家的低价格是战胜竞争对手的主要法宝,在 2009 年的销售额更是高达 227 亿元,其目录册在全球几乎有同圣经一样多的读者,足见其品牌影响力。

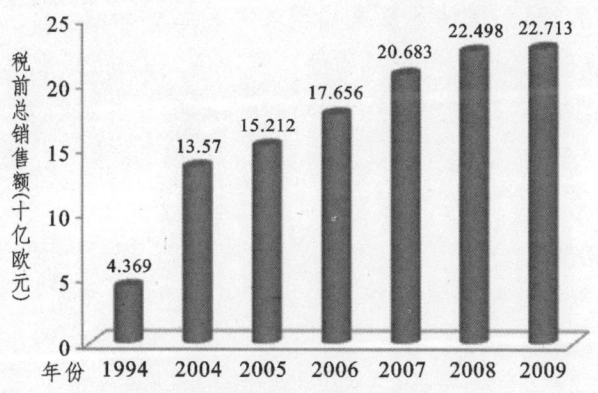

图 2　宜家 1994～2009 年销售额

宜家的公司管理系统,如图 3 所示。

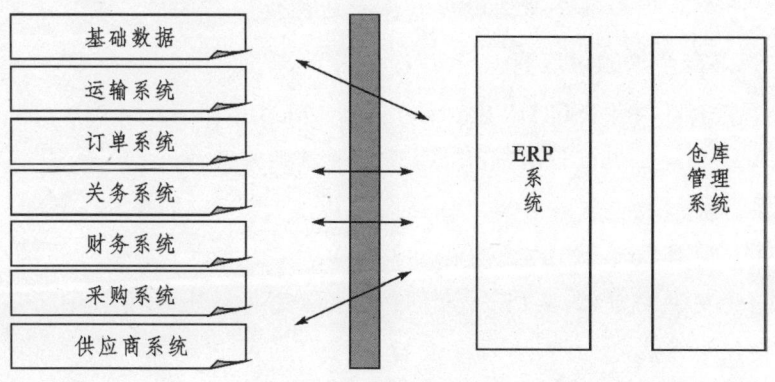

图 3　宜家的系统环境

宜家的管理网络，从四个方面可以维持其商业链条。

一、独立自主的产品设计

宜家主张为消费者提供一种家居设计方案。设计这一元素是宜家打得很好的一张牌。为了使自身的商品在市场上拥有竞争优势，其家具产品均是由很多设计师进行设计制作的。

对于传统的家具零售业，要想在其中做出一些成绩很难。可是宜家利用专利的优势，最终在产品的价格和款式方面建立起很大的优势来，例如，在一款产品刚开始时，设计师会规定这个产品的制造成本，在这个范围内，产品会被制作的几近完美。

宜家使用价格矩阵的方法来确定一种商品的价格，把它放在消费者可以接受的范围内，同时为产品的设计制造确定方向，然后将结果传递给产品经理。在此之后，宜家在众多的符合条件的设计师的方案中选择，挑选最合适的设计，同时激发设计师的灵感，最终创造出具有宜家特色的商品。

在材料的挑选、产品工艺的规定、产品储存、产品运输、设计等环节中，产品的设计是最重要的一环。因为它不仅仅考虑舒适和美感问题，更要将价格成本问题考虑在内。

在一定的成本限制下，对于新的产品创造总是需要大量人员的共同协作，为了使得设计环节不与市场脱轨，公司经常调一些一线销售人员参与设计环节。因为长年累月地与顾客接触，对于消费者的需要，没有人比他们更了解。同时还会邀请材料和原材料的供应商参与其中。

二、来自全球的供应商

宜家运用一种ISQAP(Ikea Supplier Quality Assurance Program)在世界各地对材料供应商进行选择，因为考核的项目很多，因此，从最开始的对供应商的挑选到最后确定往往要经历很长时间，主要考虑环保、价格等方面。而且在经历了这么复杂的流程之后，被挑选上的供应商，需要不断地接受宜家的审核，某些不合标准的供应商将终止合作。宜家会为供应商提供生产成本的指标，每年会与供应商们讨论长期合作的计划。要知道能够跟宜家合作，往往可以得到长达几年的合作，因此即便是需要很复杂的流程，每年仍有多达1500家生产商向宜家递上了合作意向书。宜家会邀请供应商参与到生产的每个环节中,从产品研发到最后的生产。

目前,宜家在亚洲的新计划考虑到了亚洲市场的占有率逐渐上升,同时,由于在亚洲地区的生产成本较低,因此,宜家也开始在亚洲挑选供应商,从而开始进军亚洲市场。

三、独具特色的配送

宜家工作人员会精确地确定哪一些产品要配送到哪里。如图4所示。

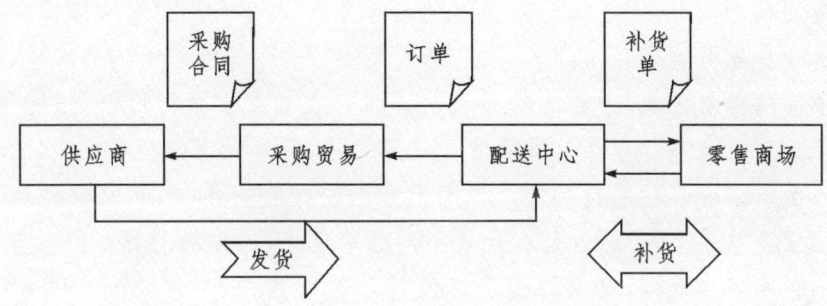

图4 宜家物流系统

配送中心按消费对象分为货物配送中心(Distribution Center)和顾客配送中心(Customer Distribution Center)。宜家的配送中心遍布世界各地,而且往往位于一些交通极为便利发达的地方。销售商与宜家之间会有特别具体的协议,而且宜家会保证有足够的库存来分配给各个分拨中心。

宜家采用了一种可以降低成本的新的运输方式。家具生产的运输在全世界范围内,都是一大难题。为了减少产品在运输过程中的磨损,节约成本,宜家采用集装箱平板包装运输,这样做极大降低了运输途中的破损风险。"平板包装"就是宜家将产品拆解成一些可以进行组装的零件部分,最后由消费者在购买之后拿回家进行组装,这一方法目前在市场上广为流行。这种方法的发明完全出于偶然,原来是一名搬运工人为了将一张桌子装进汽车,将桌子的腿卸下,于是这种方法应运而生。其关键在于由于产品分成了不同的部分,所以宜家可以针对不同的零件部分对供应商进行选择。

四、零售商系统

宜家拥有极好的销售终端。在销售方面,宜家的销售人员经常请顾客实地体验,同时,任何店员都不会去打扰消费者的观察过程。

宜家在商铺的店面装修上也极为考究,不仅仅充分考虑消费者的心理,同时也为消费者营造了一种愉悦的消费环境,强烈突出了宜家的企业文化特色。为了避免不同国家的文化差异与理解差异,在产品说明书上,宜家采用简易的卡通画来向消费者进行介绍。商品的说明书使消费者在获得便利的同时,完全体会到了自己动手组装的趣味。宜家的店铺和商场的设计充分体现了为顾客考虑,极力为消费者创造便利的购物环境,例如不同的提货方式、详细的货品说明。而且在细节上把握得极好,例如,可以为消费者挑选商品时借用皮尺或是铅笔,尽显宜家的企业文化。

由于消费者往往针对自己房间面积的情况进行挑选,宜家将卖场分为了很多单元格,不同的面积代表不同的单元格,以方便消费者。

在商场的入口,宜家为消费者设计了箭头指向,方便消费者进行挑选;同时在不同的位置中采用不同风格的装修,保证消费者不会视觉疲劳。每个宜家的卖场都会有负责装修的员工,经常性地对商场进行重新布置,而且,一切以消费者的实际需要为标准,不会使得消费者在购买商品回家之后产生不同的感觉。

(资料来源:宜家官网 http://www.ikea.com)

【思考问题】

1. 宜家供应链管理有什么特点?宜家在产品设计、供应商选择、物流体系的构建和独立的零售商方面是如何优化生产运作管理的?

2. 结合材料分析宜家产品在世界各地畅销的原因。

3. 案例中宜家为了保证整个供应网络的正常运行,在管理组织过程中采取了哪些措施?

第 5 章 人力资源管理案例

5.1 本章导读

企业实施人力资源管理的最终目的是保证企业战略目标的顺利实现。人力资源管理的主要工作有:制定人力计划;招募和培训员工;薪酬与绩效管理;员工安全管理;员工健康管理与流动管理等一系列的活动内容。而企业需要运用各种现代管理方法对这一系列人力资源管理活动进行计划、组织、领导和控制等,以确保企业战略目标的实现。

本章课堂讨论案例:"麦肯锡:人力资源管理的最佳典范",对麦肯锡公司在人力资源管理中运用的招募新人的标准,经典的"不进则退"用人法则,人才本土化策略等进行分析,适用于学生讨论人力资源管理的有关问题和提高人力资源管理的实践操作技能。

本章课外思考案例:"微软的人员管理"和"'赛马不相马'——海尔公司的人力资源开发"。其中,"微软的人员管理"着重分析了企业如何吸引懂技术善经营的人才和充分授权,并介绍了微软绩效和薪酬制度方面的做法,适用于研究企业如何留住人才和学生如何参照企业标准提高自身素质。"'赛马不相马'——海尔公司的人力资源开发"对海尔人力资源管理独特的"赛马不相马"用人理念进行了介绍,并对赛马规则及海豚式升迁制度等进行了分析,适用于研究企业的人力资源管理激励制度和学生如何适应企业不同的用人机制。

5.2 课堂讨论案例

麦肯锡:人力资源管理的最佳典范

在 19 世纪 20 年代成立的麦肯锡公司,现在已经在全球拥有很大的影响力,分公司遍布全球。麦肯锡的客户在全球 500 强企业中占有 2/3

的比例,而且前任IBM董事长郭士纳、汇丰集团董事长斯蒂芬·格林等跨国大公司的领军人物也都是麦肯锡培养出来的。因此,麦肯锡也有了世界500强企业的"CEO摇篮"的美誉。由于对人才的选择、使用和管理采用了很好的方法,慢慢地企业也形成了一套比较完善的机制。

一、麦肯锡的选人标准

很多工商管理硕士都希望去麦肯锡就职。成为麦肯锡公司的一员,是无数优秀的MBA学生的梦想。但是麦肯锡对于人才的需要量不大,因此这引发了很激烈的竞争。麦肯锡招聘员工不仅要求学历高,选拔过程更是严格,其中包括多轮面试,面试官经常会用一些商业案例来测试应聘者的实际分析问题、解决问题的能力和素质。其中,有四个方面一直是他们比较重视的。

(一)处理问题的能力

在这两种能力中,个人的领悟能力和学习能力是至关重要的。领悟力的要求表现在,对于一个前辈的工作思路能够很快领悟,例如在和一位CEO谈话的过程中,员工被要求一定要从简短的对话中,明白这位领导的整体的工作思路。而学习能力表现为在关键时刻,能够迅速掌握该行业的信息,在汗牛充栋的资料中找到关键内容,经过综合分析,最终提出解决问题的办法。

(二)沟通、交往的能力

为客户提供咨询服务,是麦肯锡的主要工作内容。如果无法与客户进行良好的沟通,也就无法胜任咨询顾问的工作。

(三)领导才能与潜力

CEO作为麦肯锡的主要服务对象,要求员工"像CEO一样思考,为CEO思考",具有领导意识和领导能力,而不是做一个追随领导的人。

(四)团队精神

企业为了使客户的利益达到最大,会使整个团队的所有员工不断地进行交流,以保证很多资源的使用率。正是由于依赖整个团队合作,麦肯锡每一个项目都能获得成功。因此有专家这样评论:麦肯锡的某一个咨询顾问可能不是最优秀的,但这个团队组合起来就是世界最强的。麦肯锡并不强求个人的能力,追求的是一种组合最强,公司强调的是整体的力量。麦肯锡取得如此辉煌的成就,不仅是因为整体实力强,也是因为员工个人工作非常辛苦。公司内部精英汇集,想要表现出色,就需要超常发挥。在这种强大的压力之下,员工还面临高强度的工作,每天工作都要超过10小时,而且平均1周有3天在外出差,这样就使他们不得不和家人聚少离多。员工一定要能吃苦,不能因为一点点困难就退缩。

二、"不进则退"的用人法则

那些想在麦肯锡长久待下去的员工,在整个职业生涯中,都要不断地参加培训,不断地学习才行。除了正式培训以外,主要的培训方式就是"发展小组领导"(DGL),即每一名新员工都会配备的一名合伙人,又可称其为专业的"导师",他的任务就是帮助新员工确定职业发展方向和专业成长道路,给他们提供相应的意见和建议。

公司认为,每个员工都应该保持不断进步,因为不进步就会被淘汰。麦肯锡实施全球一体化的合伙制,它把员工职位等级分为5等:市场分析员、咨询顾问、项目经理、副董事(预备合伙人)、董事(合伙人)。每一职位等级的工作年限为2~3年,如果超过这个期限而没能晋级(UP),就必须退出(OUT),即选择离职。比如,新员工要从市场分析员做起,经过2~3年考核合格就升为咨询顾问,再经过2~3年考核合格成为项目经理,此后,经过业绩审核就可晋为副董事、董事。员工经过所有的职位等级一般需要8~10年的时间。但是如果在这过程中业绩审核未达到要求,那么就会被淘汰,即离开公司。

对于那些成为董事的员工来说,他们仍然需要接受来自其他员工的不断的竞争,只有这样他们才能保持董事的身份。唯一的优惠政策就是他们的考察期限比一般员工要长一些。

公司总是要求员工不断地保持进步,因此总是会给员工很大的压力,最终导致的结果是大量的人才跳槽。究其原因:一是由于麦肯锡的员工都具有高学历以及强大的工作能力,是猎头公司追踪的目标,一些知名企业通过猎头公司可以"挖"到许多优秀的员工。二是麦肯锡的工作时间长、压力大,并且经常出差,这使比较注重家庭观念或年龄偏大的员工不得不"忍痛割爱"。

三、独特的"校友"网络资源开发

虽然大多数麦肯锡员工选择离职,但在麦肯锡看来,离职的员工不是失败者,也不是被"泼出去的水",而是"毕业离校"的校友。事实上,极少有人会真正离开麦肯锡,他们都是麦肯锡极其珍贵的资源。

几十年来,麦肯锡通过多种方式,如组织"校友会"、创建校友通讯录、举办校友联谊会等,来搭建"毕业生网络"交流平台。利用这种人脉资源,让那些遍布于各行各业的校友,为麦肯锡带来了很多的优秀客户,同时也为品牌做了很好的宣传。这种人脉资源的力量,为整个麦肯锡的发展带来很多优势。人脉网络的力量,凸显无疑。

四、人才"本土化"战略

1926年在美国本土创业起家,现如今已在44个国家拥有85家分公司的麦肯锡一直以来非常重视人才的"本土化"。每当在一个地区开设一家分公司,麦肯锡会先派遣5~6名公司资深职员前往担任领导,然后招聘当地最优秀的人才并对他们进行培训,使他们能够融入本公司,进而根据公司"不进则退"的用人法则逐步成为公司的董事。

由欧洲"本土"管理层领导的大多数欧洲分公司已有多年的历史。那位已经管理麦肯锡很多年的董事长,就是一位不折不扣的英国人。中国的很多企业会向麦肯锡寻求咨询服务,甚至有人半开玩笑半认真地预言,在中国分公司的董事会可能在未来十年都会是中国人,这也是麦肯锡的人才"本土化"。

(资料来源:McKinsey & Company;http://so.360.cn)

【讨论问题】
1. 谈谈你对"不进则退"的用人法则的评价。
2. 结合资料谈谈你对麦肯锡全球化经营与人才"本土化"战略运用的理解。
3. 结合大学生能力培养与麦肯锡的选人标准,谈谈如何提高自身的综合素质?

5.3 课后思考案例

案例一:微软公司的人才管理

创立于20世纪70年代的微软公司,当时的员工只有3人,营业额只有1.6万美元。但如今,员工人数达到约25000名,市场价值已达2000

亿美元,全球排名第二,公司总裁比尔·盖茨也成为世界首富。因此,致力于PC软件开发的微软被称为迄今为止世界上最大、最富有的公司。

大量的员工认为,微软的人才管理机制是非常合适的,他们中的大部分人愿意在微软的工作环境中工作,参与其中会使人觉得很愉悦。

一、精挑细选精英技术人才

在这里,大量的人才拥有很多先进的知识,明白经营管理的规则。这里有大量的研发人才,正是这些人不断地努力,推动着微软不断地前进,共同铸就了微软的成功。那些每年经过很多测试进入到微软公司的新员工,为公司注入了新的活力。比尔·盖茨在清华大学演讲时就说过,能够与来自世界各地的充满智慧的人一起工作,是他最幸福的事情,虽然每天的工作都会遇到很多的问题,但是不论怎样,他都不会去跟别人交换工作。一位曾在两家外企工作过的中国微软员工说,没有哪家外企能够比得上微软的工作环境了,因为这里有一群富有才气的人,与这些人一起工作,非常开心。

二、充分授权,责任到人

微软公司的一个特色是,最早的微软都是由很多的软件研发人员组成的,慢慢地形成了微软的特殊历史和文化。公司的一些高层管理人员常说的一句比较中国化的词是"责任到人",由此可见微软公司十分注重人的作用,愿意给予员工足够的发展空间,充分发挥他们的作用和潜能。

一个经理负责一个项目,因此每个经理人需要有独当一面的能力,开展一系列的工作,包括对产品的宣传和定位,因为当代的年轻人具有独当一面的能力,因此这些工作交给他们似乎更能激起他们的热情。在微软,每个人都能把这里当作自己事业成功的机会。当一个公司的员工都能认识到这一点时,那这个公司就一定能够成功。

三、绩效与薪酬制度

让经理与员工进行交流,这是微软集团对员工的考核方式。每次财政年度工作伊始,经理会和员工总结上年度的工作得失,指出不足和需要改进之处,然后制定新一年的目标。公司会把目标表示出来,对员工的工作进行确定,在经理人和员工交流之后,过六个月的时间,经理会进行一次评价,对整体目标进行评估。到一年的最后,经过多方面的衡量,根据员工的表现情况,为员工发奖金。正是这种考核方式,使得员工对于自己的目标和工作更加清晰。

另外,员工可以提出要求,即要实现目标,希望公司提供什么样的发展机会和培训机会。这样能更好地体现公司尊重员工并且能够调动员工的主动性。

最初进入公司的员工,往往并不能获得很高的工资,但是随着工作时间的增长,他们会获得相应的股票。当员工工作超过了18个月,他们可以获得公司的股票。这种增长式的鼓励机制,对于员工是极具诱惑性的。对于员工来说,拥有微软的股票,是成为百万富翁的钥匙,因为比尔·盖茨的财富也大都来自于微软的股票。

四、拥有个人空间

到过微软总部的人都会感觉这不像公司,更像是一所大学。微软的总公司里,每一个员工都会拥有独立的工作空间和思考空间,为了保持一定的创新力,每个员工都具有一定的独立性。而且公司的建筑楼呈现X形,这样做是为了让员工可以欣赏周围的风景,但这种情况使得楼道变得很复杂。这一切向世人展示着微软的独特的企业文化。

（资料来源:AIM俐钜创新;http://www.aimniche.com）

【思考问题】
1. 微软之所以可以取得人力管理上的成功,其关键是什么?
2. 你认为微软在哪些方面的人力管理还需要加强?

案例二:"赛马不相马"——海尔公司的人力资源开发

企业管理的内容主要有四部分:管人、管物、管财、管信息。对于企业来说,实现对人的有效管理,才是管理的关键。因此,现代企业都把人力资源开发放在很重要的位置,每个企业都有一套独特的用人理念,海尔也不例外。

在目前国内的市场经济条件下,海尔主张不去过多地选择人才,不把精力放在对人才的管理上,应该培养一种机制,去激励员工之间的互相竞争。因为海尔认为每个人都是人才,而且,对员工的奖励机制,使得每个员工都可以在一种公平的环境中工作。市场经济条件下,各种诱惑纷纷干扰人的意志,市场在变,人也会随着市场这个大环境而改变,因此有必要建立一套监督制约机制。海尔明确规定,不允许员工做那些制度规定以外的事情,并对员工在公司的行为进行了明确的确定。其奖罚严明,对于那些应该获得奖励的员工给予充分的鼓励,而对那些犯错的员工进行通报批评。海豚式升迁的用人机制使海尔人面临着更大的压力。

海尔董事长认为,企业的管理模式,应该是去挖掘人才、培养人才,而不仅仅是去发现人才,应该给予员工相同的机会,发掘每一个员工的潜质,根据市场的需要,全方位对人才进行培养。为了鼓励人才、发掘人才,海尔集团运用了很多机制去对员工进行激励。

一、在位监控

海尔不断地对内部干部进行培训,通过自我控制,使其拥有责任意识。另外,企业会对整体的组织控制体系进行控制,明确目标,从源头上避免管理人员犯错误。同时,更要对财务进行控制,这样才会保证内部人员不会犯错误。

海尔从三个方面对员工进行监督:自检、互监、专检。将这五个指标赋予不同的权重,运用比重法求出最终评价分数,将其分为三个等级,每月进行考评。

在这样严格的监控机制下,海尔的员工无时无刻不感到一种巨大的压力。海尔集团始终让员工保持一种危机感,让他们不断向前努力。

二、届满轮流

海尔经营的领域越来越广,产品系列也越来越大,可是海尔内部的发展并不平衡,企业之间存在着较大差距。那些没有发展前景的企业,有很多没有目标的企业干部。他们看不到企业的现状,不能认识到与竞争对手之间的差距,思维跟不上市场的变化,导致原地踏步。市场的原则是不进则退,随着企业的发展壮大,更需要一批有长远眼光,能把握全局,对多个领域了如指掌的优秀人才。对于一个职位上的员工,当任期满了之后,管理人员会考虑将其换到其他职位上,对人才进行全方位培养。同时,给年轻人创造一定的机遇,为公司未来的发展,培养了一大批可以安心使用的人才。

三、三工转换

海尔共有三种形式的雇佣工：优秀员工、合格员工、试用员工。员工会根据他们自身的努力情况和工作绩效进行改变，只有那些工作努力、工作效果好的员工才可以获得更好的工作机会。另外，在海尔生产车间里有一个S形的大脚印，这是对当天工作表现不好的职工的一种惩罚。每天下班当班组长进行工作总结时，表现不好的职工就要当着所有人的面站在S形大脚印上，直到下班为止。

海尔为了鼓励那些年轻人，采用的是公开透明的竞争模式。例如，对于一个新的职位，任何人都有权利去竞选，只要有能力。同时为了不断地激励那些员工，从阶段目标的制定上、员工个人荣誉上、安全、生理、幸福等各个角度，对员工进行激励。

海尔注重年轻人，它的管理层平均年龄为26岁，松下电器的领导来到海尔参观时，曾开玩笑说"毛头小子战略"，海尔从来不会去过多地选择员工，而是通过不断的竞争对员工进行选拔。

（资料来源：海尔集团官方网站 http://www.haier.net/cn/）

【思考问题】
1. 试分析海尔的人力资源情况，是人才重要还是观察人才的人重要？
2. 海尔管理层采用了大量的年轻人，这对公司未来的发展有什么影响？
3. 海尔为什么要使用届满轮流的方式？对你有什么启示？

第6章 财务管理案例

6.1 本章导读

现代企业财务管理既是现代企业财务管理工作的起点和终点,也是现代企业财务管理方法体系赖以建立的基础。企业财务管理的目标是企业经济效益最大化,在财务管理中具体化为提高现代企业的获利能力、支付能力和营运能力。

现代企业财务管理的职能主要有:决策职能、调控职能、反馈职能和监督职能。上述四种职能之间还存在一种相互作用、相互制约的辩证关系,共同存在于现代企业财务管理系统内并发挥作用。

本章课堂讨论案例:"资本运作——武钢股份整体上市",介绍了武钢集团整体上市的背景、发展历程等信息,适用于课堂讨论企业整体上市的利弊分析,把握企业整体上市的理论依据,掌握整体上市模式的操作程序和适用条件,进而提高学生对企业整体上市的财务管理能力。

本章课外思考案例:"华谊兄弟产业整合案例"和"制度的缺失——巴林银行的破产"。

其中,"华谊兄弟产业整合案例",对华谊兄弟的主要业务、产业整合的过程以及上市前后的财务状况进行了介绍,适用于研究企业进行产业整合过程中的财务状况。"制度的缺失——巴林银行的破产",对巴林银行的发展及其走向破产的情况进行介绍,适用于对企业财务管理制度的深入分析。

6.2 课堂讨论案例

资本运作——武钢股份整体上市

武钢股份的整体上市对武钢集团的发展具有战略意义,同样武钢股份的整体上市对中国的资本市场(股市)的发展也具有里程碑式的意义。

之所以如此，是因为：中国资本市场的发展从开始之初就是畸形的，上市公司的股份只是集团公司的一部分，大部分股份不流通，上市公司成为集团公司的"钱袋子"、"摇钱树"。同样，中国股市发展的指导思想就是：为国有企业改革服务，股市的发展也是"摸着石头过河"，以至于中国股市成为"政策市"、"资金市"。武钢股份是由武钢集团采取分拆方式于1999年上市的。1997年11月，由武钢设立的武汉钢铁股份有限公司，成立时仅有冷轧薄板厂和冷轧硅钢片厂两个企业，净资产规模还不到集团的1/5。1999年8月，武钢股份完成了IPO并在上海证券交易所进行挂牌上市，然而在资本市场的首次融资额只有13.76亿元人民币，同武钢集团所拥有的402亿总资产、172亿净资产相比显得那么微不足道。武钢股份的整体上市就是在这样的背景下推出的，可见，其意义非同一般。

下面从多角度对武钢股份进行分析。

一、对于武钢股份及武钢集团企业的介绍

（一）武钢股份简介

武汉钢铁股份有限公司由国家委员会批准武汉钢铁（集团）公司（以下简称"武钢"）作为发起人，采用发起设立方式成立的股份公司，这是位列国内第三大的钢铁企业。目前，公司有炼铁厂、一炼钢厂、二炼钢厂、三炼钢厂、大型厂、热轧厂、棒材厂、轧板厂、硅钢厂、冷轧厂、质检中心等12个单位，员工16995人。

武钢将投入其下属冷热轧和冷轧硅钢片厂厂全部经营性资产转换成177048股国有法人股。1999年发行社会公众股32000万股，其中，证券投资基金配售4901万股。其公众股32000万股，1999年8月3日是在上海证券交易所上市交易。也就是说只有公开发行的股票才可以上市交易，而且要符合一定的条件，要经过有关部门批准。

在钢铁的生产技术方面，武钢股份具有世界领先的技术水平，而且钢产品的种类多样，其中多数是市场上销售量比较大的，同时，其制造水平获得了众多奖项。

（二）武钢集团企业简介

新中国成立后建设的第一家大型钢铁企业就是武钢公司，武汉交通发达，劳动力资源丰富，周围的原料矿产资源丰富。武钢走的是一条科技创新的道路,注重产品的质量,开发先进的生产工艺设备,是全国重要的钢材料生产基地。在企业走过的60年来,为国家创造了巨大的财富的同时,为新中国的建设也作出了巨大贡献。目前以武钢的生产能力,可以生产各种规格的钢材。其根据市场的需要,对产品进行研发。同时为了满足国家军工业发展的需要,增加了很多高技术含量、高附加值的产品,填补了许多国内空白技术。对于钢铁之外的副产品的生产,武钢也没有落后,通过技术的创新,对于耐火材料武钢取得了新进展。对外进行技术开发的武钢,在各个方面不断地进步。通过对制度的不断地改革,武钢已经变成了一家大型的企业集团,其业务包含国际贸易等业务。国内可以进行冷轧薄板和镀锌板生产的企业只有三家,分别是武钢股份、宝钢及鞍钢,而武钢的市场占有率是排名第二的。对于镀锡板的市场份额,武钢一直保持着国内最大的市场份额,成为国内唯一的取向和高牌号无取向冷轧硅钢优秀生产企业。

为了生产出质量水平高、规格全、牌号高的冷轧产品,武钢使用的生产设备和工艺一直是世界领先水平。其不仅仅拥有良好的硬件设施,在软实力方面,武钢拥有大量经验丰富和技术高超的生产工人。

二、武钢股份整体上市事件简介

1999年8月3日,武汉钢铁集团旗下的武汉钢铁股份有限公司,正式在上海的证券交易所上市,发展到现在,武钢拥有了超过250857.6万股票。公司向社会发行近8亿的股票,同时对那些大股东增发近12亿的国有法人股,最后筹集了近90亿的资金,这些资金将被用来收购和升级生产工艺。为了保证老股东手里的股票不会贬值,集团在发行新股票时,通过采用合理的价格保证股价。同时他们还注意股票市场的价格,因为在增发新股时,如果兜售价格与股票市场价格有出入的话,对新、老股东的财富影响是不同的。

上市之后的武钢,拥有了更加完善的生产工艺与技术,同时,生产产量迅速提升,生产效率是原来的3.7倍,营业额也增加了2.5倍,使得净利润从最初的5.69亿元,提高到了目前的43.7亿元。股票的价格随着企业实力的增长也变得高了起来,净资产收益率跃升至17.55%,每股收益从0.23元跳升至1.09元。

以下从三个方面对武钢的进步进行分析。首先,新发行的价值20亿元的股票起到了巨大的作用;其次,对于股票的发行价格,也是根据实际情况,通过向投资者征询意见,经过认真的询价之后才确定的;最后,武钢股份利用募集来的90亿元实现了对原实业集团的钢铁资产的收购,使得武钢拥有了一套完整的生产工艺流程。

在武钢上市之前,那些持有武钢股份的社会公众,是非常不赞同武钢增加市场流通的股票的,为了照顾各类股东的利益,武钢股份增发了国有法人股和流通股,不仅仅完成了整体上市的计划,还实现了多赢的格局。

三、武钢股份整体上市动因分析

(一)钢铁需求市场的推动

通过对市场的准确的分析,武钢股份为了避免受限于制度,克服了巨大的竞争和挑战,完成了合理分配上市名额的工作,在20世纪末成功上市。20世纪90年代,在武钢集团刚刚成立的时候,武汉钢铁股份有限公司只有生产冷轧薄板和冷轧硅钢片两个厂。即使是在1999年,武钢股份完成IPO在上海证券交易所挂牌上市,融资13.76亿元人民币,在总资产高达402亿元的武钢集团面前,武汉钢铁股份有限公司看起来是那么势单力薄。

(二)股市发行额度的限制

在起初,由于发行额度的问题没有解决,武钢集团仅仅完成了冷轧工序的上市,很多业务资产始终留在武钢集团内部。在完成了收购之后,公司终于拥有了完整的生产设施和流程工艺,最终实现了统一生产。这一事件,对于企业未来的发展具有极大的意义,实现了统一经营和合理布局。

(三)对于未来发展的规划

为了实现企业的发展,武钢认为应当将股票进行整体上市,这样可以帮助公司钢铁业务的发展。在完成收购后,武钢的铁、钢年产量迅速增加,同时整体生产能力也得到了巨大的提升,实现了公司的总资产从70亿元到250亿元的提升;同时增加了新的钢材品种,例如棒材、高速线材等。公司的价值链得以发展,抗风险能力也随之提高。

四、武钢整体上市的作用与影响

(一)武钢整体上市对其发展战略的影响分析

武钢整体上市后,给武钢股份未来的发展带来了三大机遇。一是国内广阔的钢材市场需求有利于武钢持续发展。进入21世纪,随着国内经济的迅速发展,对于钢材的需求量也变得越来越大。中国社会的消费结构发生了巨大的变化,随之而来的是推动产业结构升级,许多国外的制造商把企业转移到了我国,因此对于钢材的质量的要求也变得特别高。市场对汽车车板和硅钢板的需求为武钢集团创造了机遇。二是由于良好的经营情况,为武钢的研发部门提供了极好的投入和研发环境。通过自主创新,武钢可以创造很多新的生产技术。三是由于世界贸易组织的存在,使得武钢可以获得国内短缺的进口原材料,实现了资源的优化。

(二)武钢整体上市对其经营业绩的影响分析

2003年是武钢发展史上效益最好的一年,武钢的营销额达到了262亿元。这一年公司对于技术的投资巨大,为了降低生产成本和实现环境保护,武钢投资十多亿元对技术进行改进,对公司的网络系统进行升级,生产设备的优化也使得产量大幅度提高。在2010年,营业额增长了近40%,收入达到了755.97亿元。公司2010年度利润分配预案为:向全体股东每10股分派现金红利1元,分红总额10.09亿元。

(三)武钢整体上市对其经营业绩的影响分析

自上市以来,公司业绩增长迅速,表现为产量大幅增长和产品结构优化。公司在钢铁行业中属于高成长的翘楚,不管是通过增发股票还是发行债券来看,公司的普通股每股收益都在逐步增长,股东也因此受益。

(四)武钢上市后的财务情况

1. 偿债能力分析

武钢集团的财务实力可以概括为:对于债务的偿还具有很高的能力,同时内部财务状况稳健,规模优势较为明显。情况如下:

武钢企业规模优势突出。在2010年末,资产总额达到2038.27亿元,所有者权益合计达到713.17亿元,净利润27.27亿元;虽然债务情况有所增长,但是,内部财务运作还是极为稳健的,其短期债务的偿还能力较强。

由于与各大银行之间保持着良好的合作关系,武钢集团的主要授信额度达到1966.32亿元,使其能对本次公司债券提供额外偿付能力给予了有力保障。

2. 营运能力分析

武钢股份公司通过定向增发国有股和向社会公众公募相结合的方式募集资金收购集团公司资产,从而也达到了集团公司整体上市的目的。按照90亿元的筹资额度计算,增发后公司的每股净资产将达到3.2元左右。由于此次采取了同股同价的原则,因此其增值部分不再和以前一样仅仅是通过流通股增发溢价实现的,这在客观上保障了流通股股东的利益。与此同时,国有股占总股本的比例将由原来的84.69%下降到73.74%。武钢上市不涉及IPO,上市方案比较公平,有效地保护了投资者利益。

3. 盈利能力分析

从1996年到1998年,武钢股份的总资产和净资产分别增长6.2%和63.3%。

1998年底,公司的资本公积金为95332.46万元,本次募集资金到位后,资本公积金将高达20.1亿元,合每股0.96元。到1999年底,由新老股东共享的滚存利润高达5.84亿元,合每股0.28元,公司完全具备相对较高比例的送股能力。

从财务指标上分析,公司的财务结构安全合理。资产负债率处于相对较低的水平,公司资本公积金丰厚,偿债压力较轻。并且,近几年资产负债率呈下降趋势,股票发行后还会大幅降低,达到更安全的水平。公司的流动比率和速动比率远高于全国同行和全国工业企业平均水平,也远高于大多数上市公司发行前的水平。以上情况表明武钢股份的财务状况良好,应变能力强,具有较强的运营能力。

从反应企业生产经营水平的应收账款周转率和存货周转率看,武钢股份最近三年的应收账款周转率平均在5.46次/年以上。

综上,利用以下报表,对其偿债、营运和盈利进行分析:

报表项目	本报告期末	上年度期末	变动比率(%)
一、资产负债表项目			
货币资金	2439575317.92	1781287802.32	36.96
应收票据	7289303963.27	4320261911.96	68.72
应收账款	693877044.41	347097751.97	99.91
预付款项	1987239424.99	1389897356.83	42.98
应付账款	16724234312.39	12354743821.96	35.37
应付利息	60536890.48	93634388.91	−35.35
一年内到期的非流动负债	917871362.73	8678028089.56	−89.42
二、利润表项目	报告期	上年同期	变动比率(%)
营业税金及附加	57316515.40	83501985.20	−31.36
财务费用	422049689.65	258432272.08	63.31
所得税费用	−3099368.87	228512743.09	−101.36
三、现金流量表项目	报告期	上年同期	变动比率(%)
经营活动产生的现金流量净额	865702606.24	−554898249.29	−256.01
投资活动产生的现金流量净额	−287741819.33	−955245786.91	−69.88
筹资活动产生的现金流量净额	80200215.65	−26635300.85	−401.1

(资料来源：新浪网)

【讨论问题】

1. 武钢整体上市的意义。
2. 如何看待政府在整体上市中的作用？
3. 结合实际分析武钢整体上市对中国资本市场的影响。

6.3 课后思考案例

案例一：华谊兄弟产业整合案例

王中军、王中磊二人合作创建了一家传媒集团——华谊兄弟，通过两部标志性的电影《没完没了》和《鬼子来了》进入电影行业。目前的华谊公司,涉及范围极为宽广,涵盖娱乐传媒、建筑、艺术设计、汽车销售等行业。

一、主营业务概况

华谊公司由众多的分公司组成,各部分之间互相补充,形成了一个强势的产业链。

(一)广告业务

华谊兄弟广告公司成立于1994年,当时正是中国广告市场发展迅速的时期,华谊兄弟广告公司抓住时机,培养了一批大客户,并获得了骄人的业绩成为一家经验丰富的专业化全案代理公司,拥有丰富资源的大众传媒公司。他们向客户提供市场研究、传播策略、创意表现、媒介执行的系统服务。他们拥有多年的行业资质,信誉可靠,经过不懈的努力,已与国内外多家知名品牌建立了长期战略合作关系,如中国银行、中国农业银行、华夏银行、中国建设银行、中国海洋石油、中国石油、中国电信、中国联通、中国移动、摩托罗拉、宝马等。

(二)电影业务

华谊兄弟影业投资有限公司是由华谊兄弟广告公司影视部发展而来的,华谊兄弟电影形成完整电影运营阵容是在1998年,这一年华谊兄弟电影投资了冯小刚导演拍摄的《没完没了》,之后形成了电影策划、投资制作、营销及发行全面系统的电影业务。2007年,华谊兄弟影业投资有限公司开始投资电影院,由于自身的强势产业链在众多电影投资公司中极具竞争力,从而成为最成功的民营影视公司之一。

自上市以来,华谊兄弟在地产项目上不断加码,但其主营业务——电影的营收却不尽如人意。华谊兄弟2011年报披露,2011年实现营业收入8.92亿元,同比下降16.73%;实现净利润2.03亿元,同比增长35.99%。其中,电影及衍生业务实现收入2.05亿元,同比下降67.02%。

(三)电视业务

华谊兄弟电视涉及的领域主要是国产电视剧的投资、制作和发行。其电视业务主要包括张纪中工作室、李波工作室、周冰冰工作室、王芳工作室以及吴毅、康红雷领导的浙江天意影视有限公司。成立电视业务以后,华谊兄弟相继推出了收视率高、口碑好的《士兵突击》《鹿鼎记》《我的团长我的团》等电视剧作品,之后每年的电视剧作品约500部,其高生产量占据了国内电视剧市场的主导地位。对于公司第二大业务电视剧,华谊兄弟上市后实现了稳步增长。据年报显示,实现收入3.82亿元,上升18.21%;毛利率为62.12%,同比增长29.81%。

(四)文化经纪业务

华谊兄弟影业投资有限公司的电影连续创下多个年度的中国票房冠军,2003年度的影片《手机》创下5300万元的票房奇迹,而另一部在2003年度上映的电影《天地英雄》成为2003年度影片票房亚军。2004年度《天下无贼》创造了票房1.2亿元的惊人纪录,《集结号》则突破两亿,《功夫之王》也在大陆一地突破2亿。2009年华谊兄弟成功地向工行贷款1.2亿用于公司投拍的电影,华谊兄弟副总胡明女士介绍,信用记录和财务报表是华谊成功获得贷款的原因。

(五)音乐业务

华谊兄弟音乐公司现签约的有羽泉组合、周迅、张靓颖、杨坤、黄征、谢娜、何洁等,2014年春晚亮相的姚贝娜也为华谊的签约歌手。2005年12月制作发行的"华谊群星——奇迹"专辑中收录了羽泉、黄征、李冰冰、夏雨、佟大为等明星的单曲,华谊兄弟音乐公司已成为目前国内原创歌手总体实力最强的唱片公司。

音乐公司前身战国音乐是于1999年由袁涛先生创建的音乐品牌。其运作的首位签约歌手羽·泉组合在短短一年间便相继刷新了内地流行乐坛的诸多纪录,五年间陆续推出的四张专辑《最美》、《冷酷到底》、《热爱》、《没你不行》,经FIPI认证,总销量已突破500万张。羽·泉于2004年举行的全国巡回演唱会更是创下了场场爆满的票房佳绩。2001年,公司借鉴经验,协助幕后制作黄征完成了从幕后向幕前的成功转型,出版的《破晓》专辑均有不俗的销售成绩。

2004年10月31日,在影视圈、音乐界各自负有盛名的"华谊兄弟投资有限公司"与"战国音乐"于昆仑饭店举办的新闻发布会上共同发表声明,两大品牌自即日起缔结联盟,整合双方旗下精英、艺人、产品、优质资源,相互交流合作,齐力打造亚洲文娱市场顶级品牌——"华谊兄弟音乐公司"。新公司运用双方多年来在娱乐传媒领域积累的丰富经验、搭建的经营平台,涉足唱片制作、发行、艺员经纪及商务发展,全方位进军音乐界。

二、产业整合过程

北京标实企划制作有限公司起初仅能制作一些小杂志和广告,之后再邮寄给的高级公寓和各国使馆,每个广告的价格只定到1000~2000元,这么低的价格使得公司利润微薄,经营非常艰难。

其创办人王中军留学回来后发现一个良好的商机,就是中国银行还有其他国内各地的银行和金融机构标识都五花八门,无统一标准。王中军借鉴美国的经验,在国内尝试使银行实施标准化及网络化的管理系统,于是,他努力去说服中国银行统一标识,最终他成功了。中国银行开始在全国15000多家网点实施标准化规范工程,全部采用红标黑字白底的标识。而订单就如愿以偿地由标实企划制作有限公司获得,并且给公司带来可喜的利润,同时也宣传了北京标实企划制作有限公司。随后,公司再次更名为北京华谊投资有限公司,此时,华谊投资便成了王中军主要的资产运作平台。

2005年7月6日,国内出台的《关于文化领域引进外资的若干意见》正式生效,"禁止外商投资电影制作行业"的明文规定无疑给华谊影业带来了一定的风险。

2005年9月,我国发布了关于《文化产业振兴规划》的细则,细则中明确提出要打开文化传媒行业的投融资渠道,培育大型传媒集团。一个月后,华谊传媒股份成功在创业板挂牌交易,成为内地第一家上市娱乐公司。

马云用700万美元购买了华谊影业母公司华谊广告15%的股权,王中军运用这笔筹集的资金从股东TOM处溢价回购股份赎身,给自身造成了不小的损失,TOM由此将在华谊传媒中的股权减持到了7%。

TOM作为外资股东,它的彻底退出为华谊兄弟在国内的上市扫清了障碍,不再受到明文规定的约束及限制,华谊兄弟可以在上市的道路上大显身手。与此同时,华谊传媒以较低的价格抛售,以优惠的价格吸纳旗下明星、导演及管理团队入股,这样做的最终目的就是挽留公司的核心人才。其给予优惠价格的同时还制定了相关的激励机制,牢牢抓住了这些股东,既保证了公司的利益,也照顾到了各股东的相关利益,华谊传媒最终成就了中国娱乐第一股的传奇。

2006年8月14日,浙江华谊正式更名为"华谊兄弟传媒有限公司"(简称华谊有限)。

2008年1月21日,华谊有限整体变更为华谊兄弟传媒股份有限公司,并于2009年10月30日在深交所国内首个创业板上市。

三、上市基本概况

①发行方式:2009年10月30日,经中国证券监督管理委员会证监许可([2009]1039号文核准),华谊兄弟获批向社会公众公开发行人民币普通股股票。此次发行采用网下向配售对象询价配售和网上向社会公众投资者定价发行相结合的方式同时进行,由保荐人(主承销商)中信建投证券有限责任公司分别通过深交所网下发行电子平台和深交所交易系统实施。

②股票种类:人民币普通股(A股)。

③发行数量:发行4200万股,其中网下发行占华谊此次最终发行的20%,即840万股;网上发行数量为本次最终发行数量减去网下最终发行数量。

【讨论问题】

1. 结合资料分析华谊兄弟创业过程给我们最大的启示。
2. 透过华谊兄弟公司的上市,我们如何看待资本运作对公司发展的作用?

案例二:制度的缺失——巴林银行的破产

巴林银行创立于1762年,至今已有250多年的历史。由于创建银行的弗朗西斯·巴林爵士经营灵活变通、富于创新,巴林银行很快就在国际金融领域获得了巨大的成功。巴林银行提供贷款的业务范围也相当广泛,从非洲的刚果提炼铜矿,到澳大利亚的贩运羊毛到美洲的开掘巴拿马运河。19世纪初,最初从事贸易活动,后涉足证券业的巴林银行,成为英国政府证券的首席发行商。此后100多年,该银行在证券、基金、投资、商业银行业务等方面取得了长足发展,成为伦敦金融中心位居前列的集团化证券商,连英国女皇的资产都委托其管理,素有"女皇的银行"美称。在

《亚洲金融》杂志组织的由机构投资者评选亚洲最佳经纪活动中,巴林连续4年名列前茅;该集团1993年的资产为59亿英镑,负债56亿英镑,资本金加储备4.5亿英镑,海内外职员雇员4000人,盈利1.05亿英镑;1994年税前利润高达1.5亿英镑。

20世纪初,英国王室成为了巴林银行的特殊客户。伊丽莎白女王信赖它的理财水准,并成为它的长期客户。巴林家族由于巴林银行的卓越贡献,先后获得了五个世袭的爵位,这也算得上一个世界纪录,从而奠定了巴林银行显赫地位的基础。然而,被一个28岁的青年进行期货投机失败所拖累,这样一个历史悠久、声名显赫的银行,竟然陷入绝境。

一、破产的缘起——错误账户

1992年巴林银行有一个专门处理交易过程中因疏忽而造成差错的账号,即"99905"的"错误账号",如将买入误为卖出等。新加坡巴林期货公司的差错记录均进入这一账号,并发往伦敦总部。1992年夏天,伦敦总部为了方便记录,设立了一个"88888"的账户来处理。

由于后来总部进行电脑系统的更换,导致"88888"成为一个错误账户留在了电脑系统里,也成为里森后来犯案的工具。

为了挽回之前手下员工的工作失误,里森利用错误账户"88888"进行虚假交易,但是随后而来的问题他无法继续隐瞒下去,因此里森只能选择将错就错。里森于1989年7月10日正式到巴林银行工作。这之前,他是摩根·斯坦利银行清算部的一名职员,进入巴林银行后,他很快争取到了到印尼分部工作的机会。由于他富有耐心和毅力,善于逻辑推理,能很快地解决以前未能解决许多问题,使工作有了起色,因此,他被视为期货与期权结算方面的专家,伦敦总部对里森在印尼的工作相当满意,并允许可以在海外给他安排一个合适的职务。1992年,巴林总部决定派他到新加坡分行成立期货交易部门,并出任总经理。

里森于1992年在新加坡任期货交易员时,巴林银行原本有一为"99905"的"错误账号"专门处理交易过程中因疏忽所造成的错误。这原是一个金融体系运作过程中正常的错误账户。1992年夏天,伦敦总部全面负责清算工作的哥顿·鲍塞给里森打了一个电话,要求里森另设立一个"错误账户",记录较小的错误,并自行在新加坡处理,以免麻烦伦敦的工作,于是里森马上找来了负责办公室清算的利塞尔,向她咨询是否可以另立一个档案。很快,利塞尔就在电脑里键入了一些命令,问他需要什么账号,在中国文化里里"8"是一个非常吉利的数字,因此里森以此作为他的吉祥数字,由于账号必须是五位数,这样"88888"的"错误账户"便诞生了。从制度上看,巴林最根本的问题在于交易与清算角色的混淆。里森在1992年去新加坡后,任职巴林新加坡期货交易部兼清算部经理。作为一名交易员,里森本来的工作是代巴林客户买卖衍生性商品,并替巴林从事套利这两种工作,基本上没有太大的风险。因为代客操作,风险由客户自己承担,交易员只是赚取佣金,而套利行为亦只赚取市场间的差价。例如里森利用新加坡及大孤市场极短时间内的不同价格,替巴林赚取利润。一般银行对其交易员持有一定额度的风险部位的许可。但为防止交易员使其所属银行暴露在过多的风险中,这种许可额度通常定得相当有限。而通过清算部门每天的结算工作,银行对其交易员和风险部位的情况也可予以有效了解并掌握。但不幸的是,里森却一人身兼交易与清算二职。

在里森抵达新加坡前的一个星期,巴林内部曾有一个内部通讯,对此问题可能引起的大灾难提出关切。但此关切却被忽略,以至于里森到职后,同时兼任交易与清算部门的工作。如果里森只负责清算部门,那么他便没有必要也没有机会为其他交易员的失误行为瞒天过海,也就不会造成最后不可收拾的局面。

在损失达到5000万英镑时,巴林银行曾派人调查里森的账目。每天都有一张资产负债表,每天都有明显的记录,可看出里森的问题,即使是月底,里森为掩盖问题所制造的假账,也极易被发现——如果巴林真有严格的审查制度。里森假造有5000万英镑存款,但这5000万已被挪用来补偿88888号账户中的损失了。查了一个月的账,却没有人去查花旗银行的账目,以致没有人发现花旗银行账户中并没有5000万英镑的存款。

然而这一次的成功却助长了他继续利用"8888"账户吸收差错的信心。

二、遭受灭顶之灾

1995年1月11日,新加坡期货交易所的审计与税务部发函巴林,提出他们对维持88888号账户所需资金问题的一些疑虑。而且此时里森已需每天要求伦敦汇入1000万英镑,以支付其追加保证金。事实上,从1993年到1994年,巴林银行在SIMEX及日本市场投入的资金已超过

11000万英镑,超出了英格兰银行规定英国银行的海外总资金不应超过25%的限制。为此,巴林银行曾与英格兰银行进行多次会谈。1994年5月,得到英格兰银行主管商业银行监察的高级官员的"默许",但此默许并未留下任何证明文件,因为没有请示英格兰银行有关部门的最高负责人,违反了英格兰银行的内部规定。

最令人难以置信的,便是巴林在1994年底发现资产负债表上显示5000万英镑的差额后,仍然没有警惕其内部控管的松散及疏忽。在发现问题至其后巴林倒闭的两个月时间里,有很多巴林的高级及资深人员曾对此问题加以关切,更有巴林总部的审计部门正式加以调查。但是这些调查都被里森以极简述的方式蒙骗过去。里森把这段时期描述为:"对于没有人来制止我的这件事,我觉得不可思议。伦敦的人应该知道我的数字都是假造的,这些人都应该知道我每天向伦敦总部要求的现金是不对的,但他们仍旧支付这些钱。"

从金融伦理角度而言,如果对以上所有参与"巴林事件"的金融从业人员评分,都应给不及格的分数。尤其是巴林的许多高层管理者,完全不去深究可能的问题,而一味相信里森,并期待他为巴林套利赚钱。尤其具有讽刺意味的是,在巴林破产的两个月前,即1994年12月,纽约举行的一个巴林金融成果会议上,250名在世界各地的巴林银行工作者,还将里森当成巴林的英雄,对其报以长时间热烈的掌声。

1995年1月18日,日本神户大地震,其后数日东京日经指数大幅度下跌,里森一方面遭受了更大的损失,另一方面又购买了更大数量的日经指数期货合约,希望日经指数会上涨到理想的价格范围。1月30日,里森以每天1000万英镑的速度从伦敦获得资金,买进了3万口日经指数期货,并卖空日本政府债券。2月10日,里森以新加坡期货交易所交易史上创纪录的数量,已握有55000口日经期货及2万口日本政府债券合约。交易数量愈大,损失愈大。所有这些交易,均进入"88888"账户。账户上的交易,以其兼任清查之职权予以隐瞒,但追加保证金所需的资金却是无法隐藏的。里森以各种借口继续转账。这种松散的程度,实在令人难以置信。2月中旬,巴林银行全部的股份资金只有47000万英镑。

1995年2月23日,在巴林期货的最后一日,里森对影响市场走向的努力彻底失败。日经股价收盘降到17885点,而里森的日经期货多头风险部位已达6万余口合约,其日本政府债券在价格一路上扬之际,其空头风险部位亦已达26000口合约。里森为巴林所带来的损失,在巴林的高级主管仍做着次日分红的美梦时,终于达到了86000万英镑的高点,造成了世界上最老牌的巴林银行终结的命运。

新加坡在1995年10月17日公布的有关巴林银行破产的报告及里森自传中的感慨,最能表达我们对巴林事件的遗憾:"巴林集团如果在1995年2月之前能够及时采取行动,那么他们还有可能避免崩溃。截至1995年1月底,即使已发生重大损失,这些损失毕竟也只是最终损失的1/4。如果说巴林的管理阶层直到破产之前仍然对88888账户的事一无所知,我们只能说他们一直在逃避事实。"里森说:"有一群人本来可以揭穿并阻止我的把戏,但他们没有这么做。我不知道他们的疏忽与罪犯级的疏忽之间界限何在,也不清楚他们是否对我负有什么责任。但如果是在任何其他一家银行,我是不会有机会开始这项犯罪的。"

三、破产后果

巴林银行的破产冲击到了全世界的金融市场。随着时间推移,备用账号使用后的恶性循环使公司的损失越来越大。此时的里森为了挽回损失,竟不惜作最后一搏,由此造成在日本神户大地震事件中,多头建仓,最后造成损失超过10亿美元。这笔数字,可以称是巴林银行全部资本及储备金的1.2倍。233年历史的老店顷刻崩溃了,最后只得被荷兰某集团以1英镑象征性地收购了。

四、缺乏监督

可以说,是里森一手搞垮了巴林银行,但是,从侧面说明了巴林银行对于员工的监管不力。具体的情况如下:

作为当时新加坡地区的交易部兼清处部经理,里森主要负责销售衍生性商品,风险并不由银行承担,而是客户承担,通过赚取其中的差价进行获利。里森通过新加坡和大阪地区的市场价格不同,为巴林银行赚取利润。由于为了防止交易员带来过多的风险,这种额度是有一定限制的。但是由于制度上的弊端,同时里森又身兼清算和交易两个职位,因此,为后来埋下了隐患。

在银行高层眼中,里森是一个工作能力极强的员工,但正是由于高层对其的信任,也导致了银行最终的倒闭。在印尼工作的经历,向高层们展示了里森的良好的业务处理能力,帮助公司解决了很多棘手问题,同时,也为银行赚来不少收入。但由于英格兰银行银监会高级官员的默许,使得里森可以从伦敦总部申请大量的资金,按照法律规定,这样的行为是犯法的。

为了躲开月底的审查,里森假造了花旗银行的存款账簿,同时对审计人员进行贿赂,帮助里森躲过了审查,但随后公司对于里森的监督并未起到作用,因此,里森也越陷越深。在公司亏损的消息传出之后,上司彼得诺里斯不得不辞职。后来在接受采访时,他表示,不应该主观地认为员工都是诚实的,他没有想到当时的巴林银行会是如此的不诚实,应该建立一套很好的机制来管理员工,对于未能及时发现里森的犯罪行为,他表示很愧疚。后来里森在电影院里观看了那一部根据自己的小说进行改编的电影。

(资料来源:搜狐财经 http://business.sohu.com)

【讨论问题】

1. 结合资料分析巴林银行是如何一步一步破产的。
2. 透过巴林银行倒闭事件,我们如何看待巴林银行的财务管理制度?
3. 企业经理人及高层主管应从巴林银行破产事件中学到什么?

第7章 危机管理案例

7.1 本章导读

企业在激烈的市场竞争中,总会遇到这样或那样的一些危机。如果遇到危机不能及时处理,不仅可能给企业带来巨大的财产损失,影响社会大众及消费者的权益与生命财产安全,而且会严重影响企业自身的形象,撼动企业经营的基础。而树立危机意识,做好危机管理,是现代企业管理者特别关注的问题。

危机管理是企业为了应对突发的危机事件,抗拒突发的灾难事变,尽量使损害降至最低点而建立的防范、处理体系和对应措施及善后总结,其目的在于消除或降低危机所带来的威胁和损失。其要素主要有危机监测、危机预警、危机决策和危机处理四个方面。

本章课堂讨论案例:"诚信的缺失——安然、安达信事件",对安然和安达信企业财务诚信、关联交易进行了分析,本案适用于企业信任危机及有关危机处理问题的思考。

本章课外思考案例:"农夫山泉标准门事件"和"三鹿奶粉的危机公关"。其中,"农夫山泉标准门事件",对农夫山泉一系列危机事件以及危机事件的处理情况等做了介绍。适用于课堂讨论企业危机管理知识的综合运用,分析企业面临危机事件的领导决策及其危机处理办法,分析企业危机意识及其危机预警等问题,以此提高学生对企业危机管理意识的重视和解决实际问题的实践技能。"三鹿奶粉的危机公关"对三鹿集团在发展的不同时期发生的奶粉事件做的危机公关做了介绍,适用于研究企业危机管理、媒体应对、社会责任等问题。

7.2 课堂讨论案例

诚信的缺失——安然、安达信事件

安然公司的总部设在休斯敦,1985年7月发起成立,其前身是一家中小型的区域能源供应商。由于其采用创新的营运模式,经营规模及经营范围不断扩大。其资产规模急剧膨胀高达620亿美元,公司总收入一度达1000多亿美元,员工2.1万人,在全球40多个国家和地区开展业务,下属公司及合作项目多达3000个。电力和天然气为其主营业务,在1990年其80%的收入来自天然气传输服务业,而到2000年能源交易与批发业务占其收入的95%。

随着其经营范围的扩展,安然开始把目光投向能源证券,包括能源商品期货、期权及其他金融衍生工具,把本来不流动或流动性很差的资产"盘活",在能源证券交易中获得垄断地位。把实体性的经营业务延伸至相对虚拟的资本市场,经营规模迅速扩大,经营泡沫迅速膨胀,到20世纪90年代末期,安然已经从一家实体性的生产企业转型成一家类似于华尔街式的对冲基金公司;公司在运营过程中采取巧妙的会计手段,进行资本运作,一时间创造了虚拟的资本繁荣。表面上安然在金融运作上获得了极大成功,一度被业界认为是资本运营的高手。

正所谓"成也萧何,败也萧何",到头来安然公司这一成功的泡沫在2000年终于破裂,公司股票价格从90美元暴跌至不足1美元。2001年12月安然公司不得不向纽约法院申请破产保护,该案成为美国企业破产史上最大的、也是最美丽肥皂泡幻灭的经典破产案,同时也意味着这种资本运营模式的破灭。

一、破产起因

2001年,一位短期投资高手吉姆·切欧斯公然对安然的这种超乎寻常的盈利模式提出了质疑:表面上看安然的这种业务的确很辉煌,但实际上只赚吆喝不赚钱,赚钱只是账面的,关联公司之间重复计算,只是将那些刚签合同而尚未发生的业务亦计算在营业利润之内。即便如此,安然公司的盈利率在2000年为5%,到了2001年初就降到2%以下,对于广大投资者来说,投资回报率也仅有7%左右。

同时,切欧斯还注意到安然公司与其关联公司之间存在大量说不清的幕后交易。虽然安然公司对外宣称公司的股票会从当时的70美元左右升至126美元,而公司的高管却在不断地抛出手中股票。美国有关法律规定,公司董事会成员要抛出其持有的公司股票,必须等到本人离开董事会之后,而安然的事实并非如此。

二、破产过程

正是这种不寻常的举动,引发了人们对安然公司经营模式的质疑,并开始深究安然公司的幕后黑手。随着投资者对公司内幕的深入了解,疑问越来越多,到2001年8月份股价开始大幅暴跌,8月9日这天股价从80美元跌至42美元。

10月16日,公司的三季报显示,安然亏损高达6.18亿美元,平均每股亏损1.11美元,同时首次对外披露公司股东的资产缩水高达12亿美元。8月22日,美国证券交易委员会要求安然公司提交某些交易的细节,并于10月31日开始对安然公司及其合伙关联公司进行正式立案调查。

11月初,安然公司以抵押公司部分资产的方式,获得了所罗门史密斯巴尼和J.P.摩根10亿美元信贷额度担保,但美林和标普公司仍然再次调低了对安然的评级。一周之后,安然公司被迫承认从1997年以来虚报盈利近6亿美元,这些假账的虚报数字令人发指。迪诺基公司于11月9日计划以80亿美元的价格收购安然公司,并承担安然公司130亿美元的债务。当月末,标普公司将安然债务评级调低至"垃圾债券"级。至此,安然公司的股价跌至每股0.26美元,公司市值狂跌至2亿美元,这与公司峰谷时的市值800亿美元相比,简直是天壤之别。

于是安然公司于2001年12月初正式向法院申请破产保护,破产资产高达498亿美元,成为美国历史上最大的破产案例。

三、事件的追踪调查

首先,事件的罪魁祸首主要在公司的管理层,公司的董事会、监事会成员以及公司的高层管理人员由于疏于职守、虚报账目、误导投资人、非法牟取私利等问题,因此受到多项指控。这些人员对运营中出现的违法问题熟视无睹,并有意隐瞒,一边对外宣称股价还将继续上升,一边却在秘密违规抛售公司的股票。14名监事会成员中有7名与安然公司有着特殊的利益关系,有的违规进行幕后交易,有的在公司的有关机构工作,对安然的种种违规运营行为睁一只眼闭一只眼。在公布三季报前,投资者看到的财务报告,令人笑逐颜开:2000的四季报"公司的天然气业务升3倍,零售业务升5倍";2001年一季报,"营收升4倍,连续21个财季盈余增长"。

其次,那些一直隐藏在安然背后的关联公司大多被这些高管所控制,成为巨额贷款的来源,且在资产负债表上体现不出来。投资人自然就不会知道130亿美元的巨额债务的来源,而一些官员也因此从中牟利。

另外,安然公司为了保住其自封的"世界领先公司"地位,不仅涉足其传统的天然气和电力领域,还涉足风力、水力、广告宽带等其他业务等领域。

四、财务造假问题

正如前述,安然公司由于长期迷恋于虚虚实实的实体经营与资本运营,其经营业绩大多来源于其与关联公司的资本运营,虚高的业绩自然是来源于财务造假。具体做法是能源供应者及消费者以安然为信用媒介建立合约,承诺在几个月或几年之后履行合约义务。安然作为"能源交易"的"中间人",可以在很短时间内提升业绩。而这些能源公司之间也有大量的来往账目是虚拟的。安然公司的业务遍及世界各地,在美国总部注册了很多离岸公司以供这种业务之需。因此,这种业务模式严重影响着安然的现金流,因为大多数业务是基于"未来市场"的合同,公司将新签订的合同收入计入公司财务报表,而事实上这些业务并未开展,有些可能存在大量变数,甚至不能履行。众所周知在合同履行之前并不能带来任何现金,这样一来合同签订得越多,账面数字和实际现金收入之间的差距就越大,账面水分和泡沫就越多,财务造假就不可避免,海市蜃楼般的美丽大厦轰然倒下是迟早的事。

五、安达信的噩梦

作为世界五大会计师事务所之一的安达信曾经辉煌一时,一向以诚信为行业准则的安达信,有悖职业道德给安然公司做了大量假的审计报告,这正应了中国那句"自作孽不可活"的训语,最后也难逃破产的厄运。2001年10月安然公司发布的三季报中,公司一次性冲销税后投资坏账高达10亿多美元,而这笔巨额坏账正是安然公司和两家关联公司的对倒交易造成的。因为这两家公司的财务报表皆由其首席财务高管法斯特管理,财务报表的公布之日便受到证券分析师们的质疑。在高度职业化的美国资本市场,对安然公司这种掩耳盗铃的造假行为,自然难逃众多行家里手的法眼。于是,美国证券交易委员会第二天就展开了对安然公司的调查。调查的结果让人大跌眼镜,安然公司从1997年到2001年间虚增盈利5.86亿美元,藏匿债务6亿多美元,虚增股东权益多达数十亿美元。

与此同时,美国监管部门也展开了对安达信会计师事务所的调查。这个位列世界第五的事务所,自安然公司1985年成立之初就为它做审计。调查发现,安然公司与安达信会计事务所有着千丝万缕的联系,不但存在业务利益关系,同时也有人员利益关系,安达信竟然有100多位员工同时任职于安然公司,包括首席会计师和财务总监等高级职员,同时安然公司董事会中一半的董事也与安达信有着直接或间接的联系。东窗事发后的半个月里,安达信竟销毁了数千页安然公司的文件,直至11月8日收到美国证交委的传票后才停止销毁文件。

2002年3月,美国司法部以妨碍司法公正为罪名,对安达信提起刑事诉讼,理由是该公司在安然丑闻事发后毁掉了相关文件和电脑记录。同年6月,美国法院以安达信妨碍政府调查安然破产案定罪,安达信就此宣告倒闭,会计审计业的行业巨擘就此倒下,结束了长达90多年的辉煌历程。

六、安然破产的余波

安然的破产,投资者无疑是最大的受害者,特别是那些握有大量安然公司股票的普通投资者。按照美国法律,在安然公司申请破产保护之后,所剩资产根据先后顺序将优先缴纳税款、赔还银行借款、发放员工薪资等,本来就已经不值钱的公司再经这么一折腾,投资人肯定是血本无归。

在此事件中,那些安然公司的交易对象和大的金融财团也是受害者。据统计,在安然破产案中,杜克(Duke)集团损失了1亿美元,米伦特公司损失了8000万美元,迪诺基损失7500万美元。而J.P.摩根和花旗集团损失更加惨重。仅J.P.摩根对安然的无担保贷款就高达5亿美元,花旗集团的损失也与之相当。德意志银行、中国银行、中国招商银行以及日本三家大银行也是其中的受害者。

(资料来源：人民网 http://www.people.com.cn)

【讨论问题】

1. 结合资料分析安然、安达信的破产原因。
2. 安然通过什么方式虚构财务数据？安然破产对国内企业有什么警示？
3. 安然事件发生时，适逢中国证券市场多起会计造假事件曝光，上市公司和会计师事务所面临诚信危机，你认为解决诚信危机应从哪些方面入手？

7.3 课后思考案例

案例一：三鹿奶粉的危机管理

20世纪50年代末的石家庄成立了一个"幸福乳业生产合作社"，那时的合作社拥有170只奶羊和32头奶牛。谁也不曾想到，这样一家规模的合作社，逐渐地发展了起来，用了50年的时间经营成为了价值高达150亿元的企业集团——三鹿集团股份有限公司。但是由于一个事件的发生，不到一年的时间里，便使得这家企业破产。下面让我们分析一下三鹿集团的几次危机事件。

一、2004年"假奶粉"事件

(一) 突发危机

2004年1月16日，阜阳吕寨镇勇庄村村民张广奎投诉所购三鹿婴儿奶粉有质量问题，后经阜阳市疾病预防控制中心和三鹿集团共同确认为假冒产品，并予以结案。

3月29日，阜阳劣质奶粉坑害儿童事件经媒体曝光后，全国上下开始全面围剿"空壳奶粉"。在阜阳市的围剿中，该市疾病预防控制中心个别工作人员，由于工作失误，把假冒三鹿婴儿奶粉的检测结果按"三鹿婴儿奶粉为不合格"上报，并公告于当地4月22日的《颍州晚报》。消息甫出，立刻被国内多家媒体和网站转载。由此，三鹿奶粉在全国多个市场被强迫撤下柜台、封存,损失过千万。

2004年4月19日中午的中央电视台经济频道的"经济半小时"栏目里,节目组对于整个事件进行了跟踪报道。同时,另一家报社的记者透露,曾受到一位三鹿奶粉经销商张伟的"封口",张伟打算利用两万元使这位记者对事件进行错误报道。在当日下午两点,公安机关接到记者报警后,将两人都带回派出所进行调查,最终被证实事件是假的,这位经理并没有对记者的报道进行限制。

在4月20日,一篇《专项调查组抵阜阳调查劣质奶粉,查清产地是关键》的新闻稿件在一位记者撰写完毕后,被东方网转载。随后,三鹿集团与该家机构和稿件记者进行了交涉,因为三鹿集团表示,稿件中存在大量不符合实际情况的内容,对三鹿的奶粉质量存在不正确报道。三鹿集团要求立即进行撤销相关报道。

阜阳《颍州晚报》4月22日当天刊登的不合格奶粉产品中,三鹿仅仅是排名第33,但是公告中并没有明确表示三鹿奶粉就是假冒伪劣产品。

事发当日,三鹿总部高管获悉并立即带队赶到阜阳,与当地政府相关部门交涉,并与阜阳市达成"相关人员工作失误"的共识,阜阳市也同意就此事道歉。4月24日,三鹿召开新闻发布会,包括中央电视台在内的全国地级市以上的媒体都接连进行了纠正报道。4月27日,三鹿与数十家国内知名品牌乳品企业在多个城市召开诚信座谈会,主题为"抵制'杀人奶粉'、倡导诚信经营",并联合发布"杀人奶粉"事件发生后全国第一份"乳业诚信宣言",承诺坚决不生产和销售劣质乳制品。4月28日,在中国儿童食品专业学会的组织下,三鹿与9家食品安全信用试点企业向阜阳市捐赠了4985箱婴幼儿奶粉,以帮助在伪劣奶粉事件中受害的婴幼儿家庭。

(二)紧急公关,迅速出击

三鹿集团对于4月22号当天的《颍州晚报》的报道,采取了紧急危机公关管理。同时,永发糖酒方面也成立了相关的危机公关小组,协助处理误报事件。

首先,立即启动媒体公关,快速组织人力将事实真相情况书面告知国内尽可能多的媒体,并争取快速发布、更正消息。在短短一天的时间里,三鹿集团工作人员向国内有关的93家媒体表示应当对消息进行更正,随后其中的19家媒体进行了相关的更正。

为了保证向社会传达正确的信息,三鹿与国内的20多家媒体进行联系,针对这次误报事件进行记述,并陆续发表了10篇新闻文章,相继刊登在《京华时报》、《新京报》等权威媒体上。

在同各大媒体进行公关的同时,三鹿集团的副总经理同时赶到阜阳的工商局,对情况进行了大体了解之后,赶到了阜阳的疾病控制中心。他们了解到,有关三鹿奶粉具有问题的材料正是从阜阳的疾病控制中心检测出来的,经过取证,原来是内部工作人员的工作失误,因此才将三鹿奶粉标为不合格产品,并进行了上报,随后也被证明这是一次错误的报告。

在当日下午,三鹿集团在阜阳市全面开展"伪劣奶粉暨工业食品专项整治"的工作,工作领导小组提出了相关要求:在阜阳本地的电视台、电台、报社等媒体上以及阜阳新闻网上,以本小组的名义,对本次三鹿奶粉事件进行澄清。

随后经过有关协商,在23日上午的新闻发布会上,阜阳工商局、卫生局、消费者协会向社会宣布,本次对于三鹿奶粉问题的报告实属误报,并向三鹿集团道歉。

随后一日,国内的广播电台、电视、网站、报纸也对此消息进行了报道,对本次事件进行了澄清。当日中午央视的"时空连线"也对三鹿集团的副总经理张振岭进行了采访,在4月26日中午播放的"经济半小时"栏目对此进行了澄清报道。从此时起,关于三鹿假奶粉事件的公关媒体也开始大量刊登澄清消息。

二、2008年"三聚氰胺"事件

(一)危机发生过程

2008年3月,南京儿童医院把10例婴幼儿泌尿结石样本送至该市鼓楼医院泌尿外科专家孙西钊处进行检验,三鹿问题奶粉事件浮出水面。6月28日,兰州解放军第一医院收治了第一例"肾结石"的婴幼儿。孩子的家长表示,婴儿自出生起便一直在食用三鹿婴幼儿奶粉。

7月16日,甘肃省卫生厅接到甘肃兰州大学第二附属医院的电话报告,称该院收治的婴儿患肾结石病例明显增多,经了解均曾食用三鹿牌配方奶粉。甘肃省政府相关部门迅速开始了调查工作,作出批示对患儿进行救治。7月24日，河北省出入境检验检疫局检验检疫技术中心对三鹿集团所产的16批次婴幼儿系列奶粉进行检测，结果有15个批次检出三聚氰胺。

8月13日，三鹿集团决定，库存产品三聚氰胺含量在每千克10毫克以下的可以销售，10毫克以上的暂时封存；调集三聚氰胺含量为每千克20毫克左右的产品换回三聚氰胺含量更大的产品，并逐步将含三聚氰胺的产品通过调换撤出市场。

9月1日，卫生部公布由国务院批准的新"三定"方案，再次强调了食品安全监管和食品卫生许可监管的职责分工。9月9日，媒体首次报道"甘肃14名婴儿因食用三鹿奶粉同患肾结石"。当天下午，国家质检总局派出调查组赶赴三鹿集团。9月11日，除甘肃省外，陕西、宁夏、湖南、湖北、山东、安徽、江西、江苏等地也有类似案例发生。当天，三鹿集团股份有限公司工厂被贴上封条。9月12日，联合调查组确认"受三聚氰胺污染的婴幼儿配方奶粉能够导致婴幼儿泌尿系统结石"。同日，石家庄市政府宣布，三鹿集团生产的婴幼儿"问题奶粉"，是不法分子在原奶收购过程中添加了三聚氰胺所致。9月13日，党中央、国务院启动国家重大食品安全事故Ⅰ级响应，并成立应急处置领导小组。卫生部发出通知，要求各医疗机构对患儿实行免费医疗。9月15日，甘肃省政府新闻办召开了新闻发布会称，甘谷、临洮两名婴幼儿死亡，确认与三鹿奶粉有关。9月16日，三鹿集团党委书记田文华被免职。同时，石家庄市分管农业的副市长张发旺、市畜牧水产局局长孙任虎、市食品药品监督管理局局长张毅和市质量技术监督局局长李志国也被免职。9月17日，田文华被刑事拘留，石家庄市市长冀纯堂被免职。9月18日，国家质检总局发布公告，决定废止《产品免于质量监督检查管理办法》，同时撤销蒙牛等企业"中国名牌产品"称号，并发出通知，要求不再直接办理与企业和产品有关的名牌评选活动。

之后，有关企业开始与三鹿集团洽谈有关合作事宜，2008年10月27日，三元股份首次正式承认正与三鹿进行并购谈判。到了10月底时，三鹿集团的财务情况已经是资不抵债，负债达到17.62亿元，净资产已是一2.01亿元。原本是三鹿最大的液态奶生产基地的河北邢台三鹿乳液有限集团，在12月2日这天，也改名为河北贝兰德乳业有限公司。同时三鹿集团决定在石家庄出资 500 万元注册成立全资子公司。

三鹿集团向全国奶协付了 9.02 亿元,来支付患病婴幼儿的治疗费用。到了 12 月中旬,在三元"托管"的情况下,三鹿工厂二厂也开始了生产,同时,七家非核心企业改名后也开始了生产。12 月 23 日,石家庄市中级人民法院宣布三鹿集团破产,三鹿将由法院指定的管理人(三鹿商贸公司)来管理,负责拍卖三鹿资产,偿还给债权人。随后一日,河北石家庄市政府于三鹿集团选取多位代理商,来到三鹿集团进行相关谈判,并且明确了还款意向。

(二)危机的处理过程

2007 年 12 月以来,石家庄三鹿集团公司陆续接到消费者关于婴幼儿食用三鹿牌奶粉出现疾患的投诉。从 2008 年 3 月开始,南京鼓楼医院泌尿外科孙西钊教授陆续接到了南京儿童医院送来的 10 例泌尿结石样本。经国内先进的结石红外光谱自动分析系统分析,这是一种极其罕见的结石,而且都发生在尚在喝奶的婴儿身上。三鹿奶粉在南京地区的代理商称,"我们跟医生也沟通过,医院并没有诊断这些小患者得病是因为服用了我们的奶粉。小孩子生病是有多种原因的"。7 月 16 日,甘肃省卫生厅就已开始调查部分婴儿泌尿系统结石的病因。当日,当地一家医院通过电话向卫生厅报告,称今年该院收治的婴儿患泌尿系统结石病例明显增多,经了解均食用了同一品牌的配方奶粉。甘肃省卫生厅接到医院婴儿泌尿结石病例报告后,随即展开了调查,并报告卫生部。9 月 8 日,记者简光洲的报道《甘肃 14 名婴儿疑喝"三鹿"奶粉致肾病》引起强烈反响。此前湖北等地有媒体早就有过多次报道,但是当说到患肾病婴儿喝的奶粉时,都是说"某企业"。甘肃卫生厅介入调查,国家质检总局表示高度关注。其后在湖南、山东、安徽、江西、江苏等地都有类似案例发生。经三鹿集团检验,2008 年 6 月份已发现奶粉中非蛋白氮含量异常,后确定其产品中含有三聚氰胺。三鹿集团传媒部相关人员接受记者采访时表示,公司对此事非常关注,已派人赶赴相关地区了解情况,并积极配合相关部门进行调查,有最新的进展一定会及时向社会发布。国家卫生部 9 月 11 日晚指出,近期甘肃等地报告多例婴幼儿泌尿系统结石病例——目前被称为"肾结石事件"。经调查发现,患儿多有食用三鹿集团生产的三鹿牌婴幼儿配方奶粉的历史,奶粉受到一种叫做"三聚氰胺"——在业界被称为"假蛋白"的化学品的污染。三鹿集团11日晚发布产品召回声明，称经公司自检发现2008年8月6日前出厂的部分批次三鹿婴幼儿奶粉受到三聚氰胺的污染，市场上大约有700吨。为对消费者负责，三鹿集团公司决定立即对2008年8月6日以前生产的三鹿婴幼儿奶召回。9月12日，到三鹿集团总部来"讨说法"的受害婴儿家长，前后有上百人。在厂区的另外一侧，工作人员一直在对购买三鹿产品的消费者进行退货登记工作。9月12日傍晚6点，三鹿集团董事长田文华回到企业。13日她接受新华社采访。田文华承认："我们在这次事件发生之前，已在内部检测出了相关问题，我们也就检测结果跟有关部门进行过汇报。"但是，对于在内部检测之后为什么没有采取紧急的补救召回措施，田文华不愿意做进一步的解释。"这次的事情，是原料奶的收购过程中有人在谋取非法利益，我们检测非常严格。"她再三声称，自己与企业是清白的。三鹿的奶源绝大部分由集团下属的奶场供给，这部分奶源有三鹿专门的技术人员和管理人员负责，质量可以控制；同时，三鹿还有小部分奶源来自奶农。这部分奶源有的直接由奶农交送三鹿，有的经由"奶霸"转交厂家——奶源质量无法控制的正是经由"奶霸"转交的部分。三鹿集团从生产到收购的"奶户——收奶员——奶站——生产厂"是一个链条。奶农在向收奶员卖奶的过程中，可能会添加各种物质，以增加原料奶的重量和色泽，而这两种情况中，主要还是增加重量，但是直接加水会让原料奶变得稀薄，一看就看出来了，但是水和三聚氰胺一混合，就可以调和出奶的色泽和质地，这看上去就像我们搅拌石灰粉是一个感觉。而奶户的奶交到奶站后，奶站向生产厂出售的时候，同样有可能发生此类情况。但直到2008年5月17日，三鹿集团客户服务部才书面向田文华、王玉良等集团领导班子成员通报了此类投诉的有关情况。

三鹿同时也为消费者做工作，为消费者换货、退货，稳定消费者情绪，防止消费者进一步影响公司利益。

关于问题的应对，三鹿集团不仅开展了紧急公关，同时相关的技术小组也努力寻找问题。直到7月份中旬，技术小组发现，问题可能出在使用三聚氰胺上面，于是也到相关检测部门进行检测。

(三)破产及相关结果

石家庄政府发布的资料显示，此前，债权人石家庄商业银行和平西路支行向石家庄中院提出了对三鹿集团进行破产清算的申请。"石家庄中院2008年12月18日受理",吴相鼎拿到的相关法律文书是这样显示的。受理该申请的裁定书于2008年12月23日送达三鹿集团。

"在受理破产申请25日内,法院必须发布公告,通知债权人申报债权以及第一次债权人会议时间、地点。"北京市高博隆华律师事务所律师黎雄兵对《第一财经日报》说。法院还要指定管理人。目前,石家庄中院已指定三鹿集团破产清算小组为管理人。

在受理破产申请后,到宣布公司破产前,对破产公司出资额达到一定比例的出资人可以宣布破产公司重整。

依照《中华人民共和国刑法》的有关规定,石家庄市中级人民法院作出判决:被告人张玉军犯以危险方法危害公共安全罪,判处死刑,剥夺政治权利终身;被告人耿金平犯生产、销售有毒食品罪,被判处死刑,剥夺政治权利终身,并处没收个人全部财产;被告单位石家庄三鹿集团股份有限公司犯生产、销售伪劣产品罪,判处罚金人民币4937.4822万元;被告人田文华犯生产、销售伪劣产品罪,判处无期徒刑,剥夺政治权利终身,并处罚金人民币2468.7411万元。

另悉,这批宣判的三鹿系列刑事案件中,生产、销售含有三聚氰胺的"蛋白粉"的被告人高俊杰犯以危险方法危害公共安全罪被判处死缓,被告人张彦章、薛建忠以同样罪名被判处无期徒刑。其他15名被告人各获2~15年不等的有期徒刑。

(资料来源:中国日报网 http://www.chinadaily.com.cn)

【思考问题】

1. 结合资料谈谈你对三鹿集团"假奶粉事件"和"三聚氰胺事件"的危机公关处理的看法。
2. 结合资料分析三鹿集团破产的原因。
3. 通过三鹿集团的奶粉事件,谈谈你对中外奶粉品牌行业竞争的思考。

案例二:农夫山泉标准门事件

农夫山泉股份有限公司成立于1996年,原名为"浙江千岛湖养生堂饮用水有限公司",所在地为杭州,是养生堂旗下的控股公司,拥有浙江千岛湖、湖北丹江口、广东万绿湖、吉林长白山、陕西宝鸡太白山五大优质水源基地。2013年4月,农夫山泉深陷"标准门",被质疑其饮用水标准还不如自来水。农夫山泉在其官方微博作出了"激烈"回应,不仅称其产品品质始终高于国家现有的任何饮用水标准,远远优于现行的自来水标准,还直指针对农夫山泉的一系列报道是由某国有控股饮用水企业蓄意策划。后来随着事件发展,农夫山泉董事长宣布退出北京市场。

一、一系列危机事件

(一)虫卵事件详情

"我和儿子都喝了",2011年7月21下午,李先生在通州区新华大街附近的一家私人超市内购买了3瓶农夫山泉,喝水时,10岁的儿子发现瓶盖上"潜伏"着几只"小虫子"。对于这种现象,农夫山泉在现场的业务员表示,自己已经干了五六年了,从来没有遇到过这种情况。2011年7月21日晚,农夫山泉公司负责北京地区销售工作的王经理表示,已经把发现水瓶里有虫的相关情况汇报给了总公司。王经理称,公司已经对于通州地区该批次的数百箱农夫山泉进行下架,并对有问题的产品进行检测,然后公司会严格按照食品安全法对此事件进行处理。

(二)质量标准事件

2013年3月,不到20天的时间里,农夫山泉不断被曝光有关水源地的环境问题。

1.关于黑色的不明物质

2013年3月8日,消费者李女士向21世纪网表示,其公司购买的多瓶未开封农夫山泉380ml饮用天然水中出现很多黑色的不明物。发现这些水中的黑色不明物后,消费者李女士曾与农夫山泉联系,但是农夫山泉坚称产品合格的做法,也并未解答其黑色不明物究竟是何物的疑问,李女士这才诉诸媒体。李女士送到21世纪网一箱未开瓶的农夫山泉380ml装的饮用天然水,24瓶中多多少少都能够看到黑色的悬浮不明物,其中有13瓶非常明显,这些水都来自农夫山泉湖北丹江口有限公司,生产日期为2012年10月30日。

3月13日,21世纪网再次致电农夫山泉。其工作人员表示,此批次的水确实发现有黑色的类似颗粒的东西,但是有第三方检测机构检验结果表明此黑色不明物是矿物盐析出。农夫山泉为了表明水是合格的,提供了一份专门针对农夫山泉湖北丹江口有限公司2012年10月30日生产的饮用天然水检验报告。

2. 关于棕红色漂浮物

据报道,宁夏消费者王先生购买了一瓶550ml装的农夫山泉,摆在家里10多天了,一直都不敢喝。为什么不敢喝?王先生说买这瓶矿泉水的第二天,他正要打开喝时,突然发现瓶中有不少棕红色的漂浮物,水看着还有些浑浊。经销商说,自己是从湖北丹江口的工厂进货,记者在农夫山泉官方网站看到,农夫山泉目前拥有四个主要水源基地,湖北丹江口确实是农夫山泉水源地之一。为什么水中会出现棕红色漂浮物?目前仅发现一瓶中出现这样的漂浮物,那是否是生产环节出现问题?记者拨通了农夫山泉的全国客服热线,对方回复还没有接到类似投诉,不过告知记者,水里的物质如果是黑色,那有可能是矿物质,当记者明确告知对方是棕红色物质时,对方回复,需要再进行核实后才能答复。

二、事件调查

若仔细对比粤、浙两省标准不难发现,在镉、砷、铬、菌落总数等多项重要水质标准上,浙江标准的容忍含量比广东标准高出至少一倍;而霉菌、酵母菌等真菌类,浙江标准容忍其存在,而广东标准则是"不得检出"。

值得一提的是,目前农夫山泉执行的浙江"DB33/383-2005"标准的起草单位仅有农夫山泉一家饮用水生产企业参与。据该标准显示,起草单位为浙江方圆检测集团股份有限公司、浙江省疾病预防控制中心、浙江公正检验中心有限公司、农夫山泉股份有限公司。而在广东"DB44/116-2000"标准中,一共有三家饮用水和饮料企业参与制定。

三、农夫山泉回应

农夫山泉公司曾在其新浪官方微博发表长微博,对《农夫山泉被指标准不如自来水》、《农夫山泉自订产品标准,允许霉菌存在》等报道进行回应。回应表示:第一,农夫山泉饮用天然水的产品品质始终高于国家现有的任何饮用水标准,远远优于现行的自来水标准,即《生活饮用水卫生标准》(GB5749-2006)。农夫山泉产品的砷、镉含量低于检测限值,含量低至无法检出。霉菌和酵母菌亦均无法检出。第二,农夫山泉一系列报道是某企业蓄意策划的。

而中国民族卫生协会健康饮水专业委员会秘书长马锦亚向《京华时报》记者表示，任何瓶装水企业都必须以国家强制性标准——GB5749-2006《生活饮用水标准》为底线，若不能执行则有违反国家食品安全法之嫌。

农夫山泉新浪官方微博4月12日再次发布了《关于质量与标准的声明》。声明称，农夫山泉饮用天然水同时满足GB5749-2006生活饮用水卫生标准、GB19298-2003瓶装饮用水卫生标准、DB33/383-2005浙江饮用天然水标准；媒体报道中指责农夫山泉标准不如自来水、浙江标准低于广东标准或国家标准，是"不严谨、不科学的"。事实上，DB33/383-2005浙江饮用天然水标准规定甲苯含量≤0.1mg/L，GB5749-2006生活饮用水卫生标准规定甲苯含量≤0.7mg/L，而DB44/116-2000广东饮用天然净水标准则未做规定。可见，就一两项指标就判定整个标准谁高谁低是毫无依据的。

四、与《京华时报》激辩

回顾农夫山泉水源质疑风波的始末，2013年3月8日，有媒体报道消费者李女士发现自己公司购买的多瓶没有开封农夫山泉380毫升饮用天然水中出现很多黑色的不明物。当时农夫山泉对这一事件的回应遭到媒体质疑，这也成为农夫山泉"质量门"事件的开始。接着就有媒体不断曝出农夫山泉水存在质量问题，包括农夫山泉水和饮料被查出水源地周围严重污染、含有黑色不明物等问题，"质量门"事件愈演愈烈。

从4月10日起，《京华时报》连发了多篇报道，直指农夫山泉水源地有问题，并且援引北京一家饮用水协会的观点，认为农夫山泉执行的标准不如自来水标准，同时指出农夫山泉使用的地方标准宽松于国家标准。在这之后，《京华时报》在等待农夫山泉回应的同时继续报道，4月19号报道农夫山泉已遭中国民族卫生协会健康饮水专业委员会除名，5月2号又报道北京市桶装饮用水销售行业协会下发通知，要求北京市桶装饮用水行业各销售企业即刻对农夫山泉桶装饮用水产品做下架处理。《京华时报》的头版报道再次提道，农夫山泉桶装水因"标准"问题在北京停产。

虽然农夫山泉在这次不如自来水的报道过程中，受到伤害巨大，农夫山泉认为,京华时报的批评尽管对农夫山泉造成了巨大伤害,但引发了公众对饮用水问题的关注,有其积极意义,这既可以帮助消费者构建相关饮用水知识体系,也客观上提醒了农夫山泉,去检查管理上的问题。农夫山泉诚恳地希望媒体能够监督。

五、事件发酵——"农夫山泉"下架

2013年5月2日,农夫山泉对产品进行收回,这是因为之前的北京市桶装饮用水销售行业协会下发《关于建议北京市桶装饮用水行业销售企业对"农夫山泉"品牌桶装水进行下架处理的通知》的要求。

通知中表示,由于农夫山泉的水产品被媒体曝光其产品存在众多的质量问题,违反了国家关于《国家标准化》的规定,同时涉嫌误导消费者、虚假宣传,在社会上引起了极大轰动。

由于农夫山泉没有向北京市政府的销售单位和主管单位提供有关证明产品质量的相关文件,该通知要求,农夫山泉在下达通知之时起,立刻对桶装水进行下架处理,并要求对消费者进行相关的解答和说明。这样做是为了切实保护消费者的权益,同时通知各个销售农夫山泉产品的经销商单位,妥善保留签订的相关销售协议和相关文件,以保护自身的权益。

六、北京水厂停产

在2013年5月7日的新闻发布会上,由于北京水业竞争的环境问题,农夫山泉决定退出北京地区,停止在北京地区的生产。

被停止生产的水厂,原本位于北京市政府招待所内,是农夫山泉在北京的唯一一个水厂,负责生产大桶水。水厂从2008年运营以来,一直运行良好。

农夫山泉的董事长表示,为了保证产品的质量,为了尊重每一位员工的劳动,为了生产合格的产品,农夫山泉今后将不会在北京建厂,停止在北京的生产。

(资料来源:广州资讯)

【讨论问题】

1. 结合资料分析农夫山泉北京停产的原因。
2. 通过农夫山泉事件,我们应如何对危机事件进行有效的管理?

第 8 章　营销管理案例

8.1　本章导读

由于消费者日益增长的物质需求与社会的不断发展,市场经济的发展需要品种更为广泛的商品,以供消费者进行选择与购买,企业间的竞争也随之不断加大,导致了产品的生命周期不断变短,企业需要加快产品的更新速度,以迎合市场不断变化的需要。为了实现企业的长期发展,企业的管理者需要采取更为有效的策略对产品进行经营管理;还要不断进行调研工作,对产品进行创新设计,从而制定营销策略,保持企业产品的市场占有率。

为了找到最适合产品的市场地位,为其选择最适合的营销组合,需要进行对宏微观环境的分析,同时,要充分分析、研究竞争对手的情况,完成对消费者的分析,最终才能实现营销方案的成功。营销管理实施还需要有效进行营销活动的计划、组织、实施和控制。

本章课堂讨论案例:"天娱传媒——'超级女声'的营销神话"。对天娱传媒及"超级女声"的营销策略进行了介绍,内容涉及品牌整合、战略合作与商业运作,对"超级女声"的消费者定位、产品差异、营业推广等作了详细介绍。适用于课堂讨论中对营销管理知识的综合运用,可提高学生的战略合作思维,分析市场经济背景下企业的竞争与合作、产品定位技巧、如何满足消费者、提高企业竞争力等实际问题的实践技能。

本章课外思考案例:"啤儿茶爽营销失败分析"和"立白营销渠道"。其中,"啤儿茶爽营销失败分析",对娃哈哈集团啤儿茶爽的产品定位、广告设计及其问题进行介绍,适用于对企业产品的营销策略、消费者行为及心理和广告等促销策略进行分析。"立白营销渠道"以立白集团不同发展阶段营销渠道的变革为分析资料,对企业营销渠道管理相关问题进行了分析,本案例适用于营销渠道的设计、渠道窜货管理等问题的研究。

8.2 课堂讨论案例

天娱传媒——"超级女声"的营销神话

天娱传媒有限公司(简称天娱传媒),2004 年在上海注册成立。目前天娱公司包括上海天娱传媒有限公司、北京天娱传媒有限公司、海南天娱传媒有限公司、天娱传媒(中国香港)有限公司四家公司。2004 年以来,上海天娱传媒有限公司与湖南卫视联合推出目前人气指数极高的品牌活动——"超级女声"、"快乐男声"、"快乐女声"。

2002 年,时任湖南电视台娱乐频道节目监制的夏青在运作"娱乐频道星姐"一档选秀节目时,偶然在报纸上看到一篇关于"流行偶像"(Pop Idol)节目的报道而颇受启发。2003 年夏青带着人策划了有一定"美国偶像"风格的"超级男声",在湖南省内一炮而红。2004 年 2 月,湖南娱乐频道趁热打铁推出了"超级女声"节目。当时,作为湖南娱乐频道和湖南卫视共同上级的湖南电视台做出决定,将"超级女声"移到湖南卫视播出,推向全国观众,作为再创湖南卫视在国内娱乐节目领先地位的一个大手笔。于是一个真人秀节目形式、具有一定的"偶像"模仿痕迹、模仿歌手演唱歌曲、观众参与度高的"超级女声"活动在湖南卫视超前的品牌意识与整合思路下走上全国性的举办、推广、销售道路。

一、天娱公司与湖南卫视的合作模式

在有关该节目的整体项目运作工程中,湖南广电集团采用的是一种市场化的品牌合作管理方式。天娱集团是"超级女声"这一品牌的所有者,因此其负责的不仅仅是其中经营负责的广告一部分,而是一整个品牌整体的推广工作;湖南卫视则是作为推广的平台之一,是一种电视广播平台,也是这一档节目的运营者和负责者。湖南卫视利用手中的资源与天娱集团进行了互利交换,以寻求各自的利益最大化,从而使得湖南卫视赢得了这档节目的经营权。在这一档高质量节目的背后,是一批创造人的贡献,最主要的是湖南卫视对于"超级女声"的巨大的资金投入,使得节目广受好评,收视率增高,为参与其中的众多客户创造了互利共赢的效果。

二、目标市场定位——"偶像"年轻人

"超级女声"是一档对于参赛者无要求和无限制的电视真人秀节目,为了迎合新时代的电视观众的心理需求,节目采用的是当时欧美具备选秀性质的比赛,以造就偶像明星。来自全国各地的女性,只要对舞台有梦想,不论她做什么工作、什么民族、什么年龄,均可以参加"海选"。

快乐,是一个大众化的名词,每一个人、每一个年龄层都拥有快乐的权利,在中国这个家庭观念极强的社会中,节目旨在为每个家庭带去欢乐,帮助家中那些对于舞台有着极强欲望的小女生们实现梦想,快乐生活,快乐中国。

经过调研统计,在众多的"超级女声"观众中,主要以年轻人为主,横跨了各个年龄层。

三、有效调动大众的游戏规则

为了体现亲民性和大众性的特点,湖南卫视打算将"超级女声"打造成一档全民娱乐性的选秀节目。通过选秀淘汰的方式,对于参赛者进行层层选拔,舞台上的"超女"在表演的同时,观众可以通过短信等方式对自己喜爱的选手进行投票支持,无论是台上,还是台下都参与到这个节目中,真正做到了"全民快乐"。

为了保证"超级女声"这档节目可以在众多的选秀节目中使观众们保持关注度,节目组通过对比赛规则的制定,使得比赛异常紧张,并且在节目中添加了规定动作,营造了情节效果,因此更加吸引观众。

第一,对于众多参赛者并没有过多的限制,来自全国各地的年满16周岁的女性均可以报名。第二,对于整个海选的过程,湖南卫视也是全过程直播,最后也证明这种方式获得了良好的效果。第三,残酷的淘汰赛。海选产生的50名选手经过一段时间培训后,进入淘汰赛,"50进20"、"20进10"、"10进7"、"7进5"——每一场比赛全部现场公布结果、现场淘汰。只有在舞台上坚持到最后的五名参赛者,才有资格进入后来的六场选拔赛。晋级赛中,设置了"待定"、"PK"、"投票"环节,使得台下的观众同台上的参赛选手一样,感受到紧张的气氛。仿佛竞技比赛一样,选秀比赛使人感觉很残酷,往往可以激起台上选手或是台下观众的泪水。第四,比赛的整个过程都是全程直播的,参赛选手从平民、偶像这两个角色之间不断

转化,使得观众看到的是一种毫无修饰的最真实的表演,为观众带去的是一种全新的视觉情感体验。大时段、超海量、持续性的节目直接成为"超女"成功的关键因素。第五,为了提高观众的参与度,从十强赛开始,能够影响比赛最终结果的不再是专业评委,而是电视机前和现场的观众。按照节目规则,"10进7"采取淘汰赛制,要淘汰3人,其中有2个因场外"短信评委"观众投票最少被淘汰;由31位来自全国各地的大众评审投票选出第3位要被淘汰的选手。这些规则客观上让观众有较强的参与成就感。第六,对于比赛的优胜选手,主办方天娱集团会对其进行包装等一系列纯艺人化的投资。

四、充分满足观众的平民明星运动

"超级女声"这种"零门槛"的"平民造星"运动,对处于青春期的少女产生了巨大的吸引力。"当明星"永远是青春期男孩女孩们的梦。在"超级女声"的同名宣传主题曲的歌词中有这样一句:"想唱就唱,要唱得响亮,就算没有人和我分享,至少我还能够,勇敢地自我欣赏。"唱出了很多当代年轻人的心声。

很多对音乐极为喜爱的人们,也对"超级女声"拥有极高的关注度。决赛从3月份开始到暑期进行决赛,这个时候正好是青少年的节假日,他们可以拥有更多的时间来关注节目,可以说这个节目就是为在校的青少年量身定做的。

有了极具魅力的选手自然而然就会吸引众多的观众,"超女"之所以取得了如此的成功,很大程度是因那些充满号召力的选手努力而来的。由于拥有众多特点与风格不同的选手,对于观众的吸引面也极广。李宇春的帅气洒脱、何洁的迷人可爱、张靓颖的率真执著、周笔畅的中性坚持、黄雅莉的纯洁透明、叶一茜的美丽动人、易慧的诚恳踏实、纪敏佳的成熟知性,都吸引了众多观众。

为了将最后留下的10位选手打造成迷人的偶像,湖南电视台调动手中的一切资源,对选手进行包装、宣传、造势。这一切的最终结果,不仅仅是迎来了偶像们的高人气,更带来了"超级女声"的品牌效应,使得其价值不断增高,参与决赛选手们的身价也大幅增高。

五、传播与推广——共同品牌的运作

在"超级女声"的运作过程中,湖南卫视同蒙牛的品牌战略联盟使"超级女声"近乎无本万利。最早蒙牛投资2800万,获得了节目的冠名权,后来,为了扩大宣传,又投资了8000万元对节目进行宣传推广。蒙牛投入巨资,不仅使蒙牛和"蒙牛酸酸乳"受益,受益的还有"超级女声"和湖南卫视。

为了在年轻人中推广"蒙牛酸酸乳",蒙牛参与节目投资,市场定位准确。在长沙、成都、广州、杭州、郑州五大唱区,"超级女声"的海选走到哪里,蒙牛的产品推广就走到哪里,考虑到这五大地区未达到饱和的特点,蒙牛借助"超级女声"的热度,对产品进行推广。传播的重点即是营销的重点,很好地达到"借力"的效果。另外,把节目周期拉长到半年时间,也有利于蒙牛深入拓展当地市场。

"超级女声"获得了蒙牛很多资金的支持:2005年蒙牛在投放的20亿袋产品中均有关于"超级女声"的内容;在电视上大量播出由张含韵代言的广告;同时将"超级女声"的网页地址印制在了产品的包装袋上;为了吸引更多的歌迷成为消费者,蒙牛创建了"超级女声"夏令营。同时,蒙牛策划,在五大区之外的地区举行海选,将当地最好的选手送达了超女的海选大区,帮助他们参加比赛。一系列的举措和巨大的投资,帮助蒙牛将"蒙牛酸酸乳"这一品牌推广到了大江南北。

六、网络营销

在网络时代,"超级女声"的运作过程充分利用了网络进行有效营销。除了蒙牛"蒙牛酸酸乳超级女声"网站外,湖南卫视也推出了"快乐中国、超级女声"网站,网站每天将"超级女声"的各种新闻、专访、预测、网上留言、"丑闻"及至"黑幕"进行实时更新,再加上五花八门娱乐性极强的帖子,客观上都在为"超女"免费造势。

另外,各大门户网站为了提高自身的点击率,也开通了大量的周笔畅吧、张靓颖吧、李宇春吧和何洁吧。同时,在网络上,"超级女声"所掀起的一股股讨论的热潮,参与其中的不仅仅是青年人,更有很多已是为人父母的中年网民,可见年龄并不是界限,对于那些曾经有自己理想的人们,"超级女声"似乎成为了他们对于曾经的那个自己的寄托。这样一种氛围,也帮助了超女进行宣传。

七、移动营销

由于比赛采用观众以手机短信投票来决定选手的去留,观众觉得自已有了一定的话语权,加上内心都有自己喜爱的偶像,故分外热衷于用手机投票。很多热情的观众,总是会不断地发短信支持自己喜欢的偶像。不同选手的歌迷们和支持者们,似乎也形成了一种竞赛,在私下更是自发组成歌迷会,共同支持自己心中的偶像选手。由于一部手机只可以对一位选手发送15条短信,短信的内容主要表达自己的支持,也是观众们对于偶像的一种精神上的寄托。利用短信这一种当年很流行的媒介,实现了将传统的电视媒体和移动媒体的融合。

整合营销理论的最高境界就是,将各种的传播媒体融合起来。在"超级女声"的传播过程中,注重观众间的互动和交流,将电视与短信结合,意味着将传统的媒体力量与新兴的媒体的力量结合。整合营销传播大师舒尔茨教授认为,真正的整合营销传播是不断地从相关利益者那里获得最新的信息,来调整自身的传播策略。而在"超级女声"的传播过程中,网络舆论和短信,充当了信息来源的工具,使得策略不断地与观众的需求一致,这也正是传播策略的体现。"超级女声"的客户管理是非功的。

(资料来源:新浪网)

【讨论问题】

1. 结合资料,谈谈天娱传媒是如何运作"超级女声"的。
2. "超级女声"产品是如何进行产品定位的,其差异化主要体现在哪些方面?
3. 天娱传媒对"超级女声"是如何进行传播与推广的?
4. 在天娱传媒与湖南电视台、蒙牛企业的战略合作和商业整合中你得到了什么启示?

8.3 课后思考案例

案例一:啤儿茶爽营销失败分析

目前国内规模最大、效益最好的饮料企业娃哈哈集团,是在20世纪80年代成立的,其前身是杭州的一家校企经销部。目前的娃哈哈集团拥有150家分公司,总资产超过了300亿。其投资了100多亿,从欧美和日本引进了大量的生产线,利用世界一流的水平和设备为消费者生产一流的产品。在全国29个省拥有58个基地的娃哈哈集团,共有3万员工。

加多宝依托于第一季的"中国好声音"获得了极好的销量,另一边的格瓦斯也依靠着"我是歌手"一炮而红,销量急剧增加。格瓦斯作为娃哈哈旗下的一款产品,取得了巨大成功。早年同是娃哈哈旗下的啤儿茶爽饮料,在产品定位上与格瓦斯极为相似,最早产品设计出来时,市场对其的反应很好。有营销方面的学者指出,"三大法宝"使这件产品得到青睐,首先,出奇的产品设计,类似啤酒,但不是啤酒;其次,精准的市场定位;最后,整合很好的广告营销,获得了很好的效果。但后来这款产品却营销失败了,这是什么原因呢?

一、定位之谜

啤儿茶爽最早是被在学生族、上班族、开车族中营销的健康的、时尚的饮品,类似啤酒的口感,但属于风味饮料,很明确的定位:风味茶而不是啤酒。但是在跨界过程中,娃哈哈忽略了重要的问题,虽然茶和酒在某些时候可以相互替代,但是一旦融合会有怎样的后果?很好的创意,但是却忽略了市场最重要的因素。

造成的结果是,首先,那些对茶饮料情有独钟的顾客,不会买账,因为它看起来更像啤酒;其次,那些喜欢喝酒的顾客,由于口感喜欢啤酒,同时也可以解渴,在中国的文化中,酒是有更多精神上的意义的;最后,对市场的工作量巨大,因为这个市场是空白的,需要去创造市场,而不是简单地刺激或是拉动需求。

先来分析一下啤儿茶爽的市场定位。针对消费人群的定位,其打造了一句"你out了"的句子,可以说是针对年轻人打造的,但是时间过去了这么久,人们记忆力中更多的只是这样一句广告语,对于产品本身或许早已忘却。当初对于这个定位是有与国内社会相矛盾的,国内很多家长并不允许自己的孩子接近酒精。

二、四大阻碍

对于啤儿茶爽主打的这个卖点本身就具有极大的问题。对于消费者来说,茶就应该有茶的味道,酒就应该有酒的度数。除了产品的定位出现问题之外,还有几个很重要的因素导致了产品最终的结果:首先,口感怪异。可口可乐曾经尝试改变自己的口味,但改变口味之后销量大幅下滑。

而啤儿茶爽的口感从一开始就使大部分人觉得怪异,似啤酒非啤酒,似饮料非饮料,这种味道短时间内大多数人难以接受。

同时,啤儿茶爽的广告,很多中国的家长们是绝对不接受的,几个学生在教室里,像喝啤酒一样喝着饮料,会有消费者认为这样会引起孩子的不良习惯,造成极为不好的影响。

再次,没能确立明确的竞争对手。啤儿茶爽作为一种饮料,必然要确定自己的竞争对手,集中火力在最狭窄的阵地上发起进攻。倘若没有明确的竞争对手,随处乱撞,只会对企业的资源造成浪费,严重的甚至会受到相关产品和品牌的集体封杀。作为啤儿茶爽来说,其风味是啤酒,包装又是啤酒的包装瓶样,那样它必须与啤酒品牌进行竞争。但是它的本质又是萃取的绿茶饮料,在与茶饮料市场品牌作斗争。最终要面对来自两个行业的竞争,不得不进行力量分散,分别应对来自啤酒行业和茶饮料行业的竞争。最后在两方的打击下,产品只能以失败告终。

最后一点,对于品牌的培育,集团没有给其足够的耐心。一个新的品牌或概念的培育期是需要五年,甚至十年的。但是啤儿茶爽从诞生到后来消失,时间总共不足三年。由于没有足够的时间对品牌进行培育,因此即使做得风生水起的广告,到后来也会是来也匆匆,去也匆匆。

三、说在最后

一个产品从研发到上市,必定是有潜在的市场需求。

(资料来源:新浪网)

【思考问题】

1. 你认为娃哈哈啤儿茶爽营销失败的原因是什么?
2. 结合娃哈哈啤儿茶爽思考企业产品定位中应该注意什么问题。

案例二:立白营销渠道

在1994年的广州,广州立白企业集团有限公司成立了。这是一家主营日化用品的集团,产品种类更是横跨9个大类的上百种产品。目前公司的营业额可以到达150亿元,其中,在洗衣粉和洗洁精行业中,销量更是遥遥领先,占到了国内市场的13%。

立白公司总是能在一次次激烈的竞争中胜出，引起了很多人的关注。在消费者的心目中，陈佩斯的形象早已与立白关联在一起，这个独特的形象代言人使得立白在激烈的竞争中依然可以得到迅速发展。

一、立白的初创——借鸡生蛋，节约资金，站稳脚跟

立白集团总裁陈凯旋创业前在潮汕地区做过洗衣粉代理商，他在洗衣粉代理的过程中积累了大量的销售渠道和经验。由于在这个行业工作了很多年，于是陈凯旋心中创业的想法也随之诞生。说来容易做来难，当时陈凯旋唯一的资本就是熟悉洗衣粉的销售渠道，自身并没有大量的资金建厂，"贴牌生产"就这样诞生了。当时这种可以省去大量生产成本的操作模式在整个行业中，是属于独创的。陈凯旋说："当时的自己没有资金来建厂房，更没有那个能力去搞贴牌生产，由于不明白洗衣粉配方，只能寻求专家提供。为了使生产出来的产品，可以被市场接受，只能贴牌生产。至于产品的检测方面，就直接找到了技术监督局来检测我们的产品。"一句话，只能"借鸡生蛋"。

陈凯旋和他的六位创业伙伴就这样利用"贴牌生产"开始了创业。立白洗衣粉为了迎合珠江三角洲地区人民的生活水平和消费能力，将产品的价格定在了中等位置，但是由于当地的消费者比较看重产品的品牌，因此即便是质量不错，立白的销售量仍不是很高。

于是，为了对品牌进行宣传推广，陈凯旋利用有限资金中的一部分，找来广东电视台的制作人，利用极短的时间制作了一部广告片。拥有了广告片的立白销售量也逐渐增大，在消费者心目中的形象也得到了提升。但是在当时的广州，最厉害的莫属宝洁公司了。作为一个强劲的外资竞争者，其旗下的汰渍与碧浪这两个品牌在市场享有极好的销量；另外还有作为当时全国销量第二的浪奇公司，立白集团的发展可谓是遇到了很大的挑战。

陈凯旋和其他的创始人一起开始推广产品。当时他们选择了以农村消费群为主要销售点的策略。到乡里、县里找到经销商，跟每一个经销商一起讨论有关立白的发展问题，这也为后来立白事业的发展奠基了良好的发展基础。

就这样，立白逐渐开始了发展。

二、反向奔跑的提升

在价格方面,为了与竞争对手周旋,立白主要采取了与对手价格基本相当的方法。但是后来,整个洗衣粉行业降价,也为立白带来了巨大的挑战。降价将可能影响企业的生存空间,但如果不降价,企业也将面临巨大的生存危机。经过长时间的讨论,立白的领导层终于决定做出一次大胆的尝试:在对手都降价的时候,对产品价格进行提高,同时要不断地对产品进行宣传推广,努力塑造立白产品的形象。

立白的价格在提升的同时,也加大了广告投入,仅在广东省连续投放半年的时间里每个月的广告费用达到五六十万。当年广告投入比前三年投入的总和还多,功夫不负有心人,立白的市场份额一下子提升了十几个百分点。

通过产品质量和产品价格的双高,在与外资品牌竞争时,形成了一个很好的梯度,获得了优势。利用广告树立产品在消费者心目中的形象。事后一切都证明立白当时冒险的决策是非常正确的,从此立白的事业到了一个新的发展时期。

在当时洗衣粉行业普遍不景气的情况下,立白洗衣粉的销量惊呆了很多的洗衣粉企业,1997年在广州一省卖出了7万吨洗衣粉。

当立白产品在东南市场上站稳脚跟之后,高层管理者们决定向全国的市场进军。其中,陈佩斯成为其形象代言人,为立白带来了意想不到的效果。洗衣粉广告基本上都用家庭主妇,向消费者强力介绍洗衣粉去污力强、洁净度高。立白利用了一种反向思维,指的便是陈佩斯代言的那个广告产品,广告场景主要是一个被警察误以为是贩毒者的人,背着一个大袋子,在被警察抓捕后,最后却发现那些只是一些洗衣粉。最后一句广告词"这是立白洗衣粉,是我老婆非要我带到美国来的",陈佩斯对警察说:"洗衣服,不伤手。"

利用陈佩斯的形象帮助立白进行宣传推广,事实证明确实是起到了极好的效果。在当时的众多产品广告中,表现很是抢眼,该广告营造了诡异紧张的气氛,扣人心弦,使电视观众就像在观看一部警匪片一样。

三、掌控营销渠道

到了20世纪90年代,立白的高层们认为,国内的企业应该将注意力放在经销商上,而不是别的地方,除非可以像宝洁那样拥有强大的资本作为支撑。在快消品的行业里,与经销商的关系,影响着企业的发展。只有坚持在经销商上取得成功,才能在市场上取得成功。陈凯旋认为,经销商与企业间的关系是相互依存的。于是,在后来的时间里,经销商的帮助与投资,成为立白在营销方面工作可以取得成功的关键。

(一)经销商打造稳固基石

立白经销商的倾力推销对于其华南市场的稳固起了至关重要的作用。最初在市场上,品牌的知名度不高,很多经销商并不愿意去冒险销售这种新的产品,可以说,无论是在广告的宣传力度上,还是人员及费用等方面,立白集团都遇到了很大的问题。

立白采用了一种颠覆传统的销售方式,让那些集团高层的家人朋友,只要是对立白产品有兴趣或是对企业忠诚的人,打通在重点城市和区域内的销售渠道。立白集团采取各种方式调动经销商的积极性和创造性:将政策全部下放、产品供价放到最低,以利益驱动,并统一价格,实行多种市场模式操作。最终经过各方面不断努力,由于企业和经销商的齐心合作,立白产品顺利地进入了各大市场。虽然采用的是典型的中国式家族企业管理模式,但是,立白很好地利用了这一管理模式,直到现在的近50%的市场占有率。之所以可以取得这么好的成绩,经销商起到了最大的作用。

一定的历史背景、一定的市场操作模式之下的立白建立了良好的市场管理模式,这种模式是建立在信任、利益的基础上的,要想维护经销商的利益,只有采用一定的模式方法才可以达到。只有互相盈利,才能保证企业真正发展。

(二)创新渠道经营方式

1998年立白的发展遇到了瓶颈,主要原因是经销商的覆盖速度已无法跟上品牌的发展速度。立白公司为了顺应企业的现代化改革,采用了后成长中市场的模式,为目前立白市场的拓展管理工作提供了良好的保证。

民营企业相对于国有企业来说,难就难在融资上面。企业的发展需要投资,要想投资离不开融资。立白集团同样遇到这样的困难,因此立白通过新的方式来侧面解决这一问题。进入一个新的市场之后,一定要把市场彻底做透。在销售上,也要尽快找到那些志同道合的伙伴,从而使得经销商得到发展。

华南之外的地区,立白采取的是以经销商来吸引经销商的策略。要进入一个新省份,立白首先会由经销商经营两到三个有影响力的地级市。

什么样的品牌产品最吸引经销商呢?那就是品牌形象好、利润高、又有很好销量的产品的。尽管面对很高的加盟条件,很多经销商还是极力想要这种机会。当然,经销商要努力扩大立白的销量和市场份额,他们获得的利润是非常丰厚的。随着销量的增加,产品口碑也越来越好,市场逐渐确立起来。在四川地区采用的推广模式,可以说是立白成功的一种范本。对于四川的立白经销商,立白采取按照他们所在的县市为单位设立不同的经销商,从而使全省拥有了100多个经销商。根据不同地区的情况,进行量化确定,从而基本保证在四川地区全年的销售额可以达到一亿。因为对于经销商进行了广度上的划分,因此,对于那些想要获取更多利润的经销商来说,在地区的深度上做文章,自然而然,整个地区的产品的销量有了保证。

(三)富有特色的"利益共同体"式商会制度

渠道销售有它自身的优点,比如可以将市场贯透得很深,但是当遇到市场区域小的情况时,极其容易发生冲、窜货问题。但立白通过商会制度有效地解决了此问题。

冲、窜货一直影响着企业正常的营销活动,立白借鉴日本建立了经销商利益共同体的商会制度。以省区为单位设立经销商商会,主体是该省区的重要经销商,商会负责制定政策和反馈销售信息。为了避免商会中不必要的冲突,保护共同的利益,克服商会家庭的问题,因此商会对于会长采用公开选举的方式进行,而秘书则由区域经理担任。此外,商会对出现冲、窜货的经销商会采取经济方式处罚,严重的会取消经销权。

关于冲、窜货现象,立白公司制订了极其严格的制度来应对。在经销商合同中,立白对冲、窜货的定义是无论主动与否,只要是a区产品流入b区,就是冲、窜货,立白会根据经销商冲、窜货数量、次数与处罚进行量化处理。同时,对负责区域的业务员和区域经理都要进行连带处理。

(四)重点终端发展模式

立白对于自己产品的销售终端拥有极为严格的考核,那些有资格成为终端之一的成员,立白主张一定要其达到标准,而不是以一种"进一个算一个"的心态;对产品的位置、品种、价格等方面具有明确的量化要求。同时,对销售效果进行严格的评估,进而可以实现竞争品的信息的反馈,争取利用最少的成本,达到最好的效果。立白的思想就是,抓住销售渠道,在一些重点地区,立白集团会选择那些影响力大但是门槛低的卖场进行开发调研,同时,按照合同要求,那些经销商厂商也必须承担一定的费用,这样既可以降低成本,又可以加强销售者的责任感。同时,立白会极力形成一种产品畅销的局面,去吸引卖场主动与立白进行联系。这样既加大了卖场间的竞争,又可以降低销售终端的成本。立白的很多大型终端销售都是在这种管理的背景下才得以进行的。

四、有效的营销管理

(一)人事管理

在立白的营销中心,是一个可以体会到强烈人文关怀的地方。每一位刚刚到来的大学毕业生,都会由一个富有经验的员工进行领导。同时,立白会吸引很多来自同行业的销售精英,为他们营造一个更加值得发挥舞台,实现他们心中的梦想。任何一个进入营销中心的人,会受到其良好的工作氛围的影响,努力向上,去学习那似乎永远接受不完的经验。

虽然有体现人文关怀的地方,但作为企业来说,必须在制度上保持严格的管理。通过明确的制度的建立,使得每个工作人员都有明确的工作责任,每位员工必须具有强烈的使命感,明确连带责任制。在营销中心的工作过程中,不允许存在口头的承诺,任何事情必须以报告形式向上级传递,每一位负责人都要对自己的下属负责。有惩罚,就有奖励。在明确的奖罚制度下,人人都会有很好的成就感和危机感,这样,可以激发员工的工作激情,调动员工的主观能动性,从而使得工作更有效率,企业的原动力得到了提升,保持了企业的平稳发展。

(二)工作事项管理

改革最彻底的部门是立白的营销部门。在营销中心,任何关于市场的信息都会有及时的反馈,为工作人员节省了很多时间与精力,即便是比较复杂的情况,在48小时之内仍会得到回复。就是这样使得工作时间一点一点地被节省下来。对于发现的情况,迅速进行应对,制定有效而又准确的策略,在一般企业,这是很难做到的。

每个方案的每项事务都会明确到人,每个人都有具体负责的事情,明确的任务、清晰的思路是这一切的保证。同时,责任人会对每项事情进行落实,努力将事情做到最好,发挥其最好的效果。

(三)营销文化

立白的营销文化中,最主要的是全员营销。在庞大的集团部门网络中,营销中心是一切的核心。为了得到更好的效果,立白设立的投诉电话起到了巨大的效果。倘若发生账目核对时间拖延太久,客户可以投诉;一线人员倘若发现上货不及时,可以投诉。正是这种不断改正自身问题的方法,帮助立白塑造了一批优秀的拥有良好品格的员工,是他们利用自身的努力不断推动着立白前进。

(资料来源:中国财经网 http://finance.china.com.cn)

【思考问题】

1. 结合材料分析立白渠道模式对企业发展的利与弊。
2. 立白的"农村包围城市"的市场拓展模式是成功的吗?为什么?
3. 如果你是立白集团的经营决策者,下一步的营销战略会是怎样的呢?

第9章 创业管理案例

9.1 本章导读

在全球化、信息化和文化多元化发展的新环境条件下,创业管理主要研究创业行为以及企业管理层持续注入的创业精神和企业创新活力的各项管理活动,增强企业的战略管理柔性和市场竞争优势。

创业管理的主要内容有创业准备、创业条件分析、创业计划、创业融资、企业的创办、寻找创业商机以及新创企业管理与发展、创业公司管理运作、企业文化创建、创业资本运营、网络创业等。

本章课堂讨论案例:"马云与阿里巴巴集团"。案例以马云与其创立的阿里巴巴的创业条件、计划、融资以及企业的管理和发展等环节对创业管理的内涵进行全面、深刻的理解。了解马云与阿里巴巴一路走来经历的风风雨雨,对当代社会创业所挑战的机遇进行研究,从而提高学生对于创业管理的认知。

本章课外思考案例:"马化腾与腾讯公司的商业模式"和"蓝色巨人IBM的创业过程与产品转型"。其中案例"马化腾与腾讯公司的商业模式"中介绍了腾讯公司在马化腾的带领下开拓的新商业模式,打造出了互联网的企鹅帝国。"蓝色巨人IBM的创业过程与产品转型"通过对IBM公司的创立、发展以及产品转型等一系列进程,描述了IBM的成长史,对于创业以及管理方面的实际应用进行了较好的展示。

9.2 课堂讨论案例

马云与阿里巴巴集团

阿里巴巴集团创立于1999年,是一家提供电子商务在线交易平台的公司,集团的子公司及关联公司有阿里巴巴B2B、淘宝网、天猫、一淘网、阿里云、阿里妈妈、口碑网、中国雅虎及支付宝。

一、马云创业之路

马云,全球最大的企业电子商务网站的创始人,是阿里巴巴董事局主席,是当今众多媒体关注的风云人物。其梦想和誓言是:"我们一定要做一个中国人创办的令全世界感到骄傲的公司,忘记钱,忘记一切,用东方的智慧、西方的运作,在全世界大市场上创业。"

1964年,马云出生于杭州的一个普通家庭。1981~1983年马云连续高考三年,终于在第三次艰难过关。他的成绩离本科线还差5分,后因招生人数不满,马云被调配到外语本科专业,进入杭州师范学院读本科。他从路遥的《人生》悟到"人生的道路虽然漫长,但关键处却往往只有几步"的道理和《排球女将》永不言败的精神激励他边工作边学习,而这种永不言败的精神为马云日后的事业成功奠定了重要基础。

1988年,马云大学毕业后进入杭州电子科技大学当英语老师,业余时间做兼职英语教师和英语翻译。

1992年,马云第一次创业,成立了杭州第一家专业翻译社——海博翻译社。

1995年他辞去大学教师工作。这一年马云在西雅图发现了一个"宝库"——互联网。对计算机一窍不通的马云第一次接触了互联网,并为他的海博翻译社做了网上广告,也是美国和日本反馈看到的第一个中国网页。马云立即行动将互联网这座金矿挖掘,建立了一个公司,专门做互联网,并把国内的企业资料收集起来放到网上向全世界发布,并起名"中国黄页"(chinapage)。

马云回国当晚,与做外贸的24个朋友谈了自己的互联网梦想,结果只有一个人说可以试一试,其他全部投反对票。但是马云还是凭着一股勇气决定干下去,他后来回忆起来这样说,"其实最大的决心并不是我对互联网有很大的信心,而是我觉得做一件事,经历就是成功,你去闯一闯,不行你还可以调头,但是如果你不做,就像你晚上想想千条路,早上起来走原路,一样的道理。"

1995年4月,31岁的马云用东拼西凑也不到3万元的资金,创建了互联网公司"海博网络",从此,马云走上了"中国黄页"的宣传之路。当时马云经常被骂成"骗子",因为大部分人都没有听说过互联网,但是马云依然见人就谈互联网,想尽一切办法让客户相信他和他的互联网。业务像蜗牛一样一步一步地开展起来了,马云认为,"互联网是影响人类未来生活30年的3000米长跑,你必须跑得像兔子一样快,又要像乌龟一样耐跑。"令人欣慰和惊喜的是,"海博网络"的营业额在1996年到了700万!这时候互联网渐渐普及。

1996年3月,马云最终选择和竞争对手杭州电信合作。马云将中国黄页资产折成60万,占有30%的股份,杭州电信以140万的投入占70%的股份。1997年,马云和杭州电信因经营观念不同分道扬镳,马云放弃中国黄页,并将自己拥有的全部股份都送给了一起创业的员工。

这一年,马云33岁。这也算是马云创业历史上的第一次失败。

在1997～1999年,马云以30%股份加盟中国国际电子商务中心(EDI)。这时,马云不断开拓电子商务业务,电子商务B2B经营思路和定位不断成熟,"用电子商务为中小企业服务"。而且马云想到一个大家都喜欢的歌曲里唱的、青年人易传播的名——阿里巴巴作为网站的域名,寓意是互联网像一个无穷的宝藏,人们可以像青年阿里巴巴那样,用口诀打开宝藏之门。但是政府单位的各种束缚迫使马云正式辞去公职,决心离开自行创业。

这一年,1999年,35岁的马云经历了第二次创业失败。

1999年1月,马云和他的团队悄然南归,开始铁下心做电子商务。

1999年2月,在杭州湖畔的家中,马云召开了第一次会议并作了慷慨激昂的演讲:"黑暗中一起摸索,一起喊,我喊叫着往前冲的时候,你们都不会慌了。你们拿着大刀,一直往前冲,十几个人往前冲,这有什么好慌的?"马云还说:"我们要办的是一家电子商务公司,我们的目标有三个,第一,我们要建立一家生存102年的公司;第二,我们要建立一家为中国中小企业服务的电子商务公司;第三,我们要建立世界上最大的电子商务公司,要进入全球网站排名前十位。"

在这次有历史意义的会议上,马云和18位伙伴共筹集了50万元本钱,创办了阿里巴巴。马云花了1万美元从一个加拿大人的手里购买了阿里巴巴的域名并进行了注册。

1999年3月,阿里巴巴正式被推出,并在2000年发展成为全球电子商务第一品牌。

2001年,阿里巴巴推出"中国供应商服务",向全球推荐中国优秀的出口企业和商品;推出"阿里巴巴推荐采购商"服务,与沃尔玛、通用电器等合作,在网上进行跨国采购。阿里巴巴借助互联网力量,实现了向国际买家展示中国企业和为中国企业提供买家。

2003年,阿里巴巴集团投资创办淘宝网,目前已经成为亚洲最大的网络零售商圈,最初的业务主要是C2C(Consumer to Consumer,消费者对消费者),后来增加了B2C(Business-to-Consumer,商家对消费者)业务。

2004年,阿里巴巴提出:从MECTATALIDADADA转向WORKA-TAIIDADA,使中小企业不仅在市场销售方面与阿里巴巴网站合作,还把人事、财务等其他领域也同阿里巴巴网站合作,形成了虚拟的商业王国。

2005年,阿里巴巴和全球最大门户网站雅虎合作,兼并其在华所有资产,创立中国雅虎,并壮大成为中国最大的互联网公司。

2007年8月,阿里巴巴创建了阿里妈妈营销平台,主要以网络广告为赢收项目。

2013年5月10日,马云正式卸任阿里巴巴集团CEO一职,由陆兆禧接任。

马云是中国大陆第一位登上美国权威财经杂志《福布斯》封面的企业家;2002年5月,马云成为日本最大财经杂志《日经》的封面人物;2000年10月,马云被"世界经济论坛"评为2001年全球100位"未来领袖"之一;美国亚洲商业协会评选他为2001年度"商业领袖";2004年12月,荣获CCTV十大年度"经济人物奖"。

而马云创立的阿里巴巴被誉为与Yahoo、Amazon、eBay、AOL比肩的五大互联网商务流派代表之一。它的成立推动了中国商业信用的建立,在激烈的国际竞争中为中小企业创造了无限机会,"让天下没有难做的生意"。

二、阿里巴巴旗下公司

(一)淘宝网

2003年5月,阿里巴巴集团投资创办淘宝网。业务主要有C2C和

B2C 两大部分。注册用户数近 5 亿,平均每分钟售出 4.8 万件商品。截至 2011 年年底,淘宝网单日交易额峰值达到 43.8 亿元,并为大量下岗人员和创业人员提供了工作机会。目前,淘宝网已经成为拥有 C2C、团购、分销、拍卖等多种电子商务模式在内的综合性零售商圈,是中国最大的网购零售平台。

(二)天猫(淘宝商城)

2010 年 11 月 1 日,淘宝商城从淘宝网中分拆并独立。淘宝商城是亚洲最大购物网站淘宝网全新打造的 B2C。区别于淘宝网的是由商家企业作为卖家,淘宝商城整合数千家品牌商、生产商,在商家和消费者之间提供一站式解决方案,产品有品质保证。

2012 年 1 月,淘宝商城正式更名为"天猫"。2012 年"双 11"营业额达到 132 亿,2013 年"双 11"交易额超过 300 亿,真正将"双 11"打造成了中国的购物狂欢节。

(三)支付宝

支付宝(alipay)是淘宝网公司推出的网络交易工具,用于解决网络交易中的信用问题,具体操作是通过"第三方担保交易模式",买家将货款打到支付宝账户,支付宝向卖家通知发货,买家收到商品确认后,指令支付宝将货款放于卖家,至此完成一笔网络交易。

支付宝作为独立支付平台,向用户提供付款、提现、收款、转账、担保交易、生活缴费、理财产品(主要是保险)等基本服务,相当于"电子钱包"的功能。目前支付宝是中国领先的第三方网上支付平台,致力于为上亿计的个人及企业用户提供安全可靠、方便快捷的网上支付和收款服务。

截至 2010 年 12 月,支付宝注册用户数突破 5.5 亿,日交易笔数达到 850 万笔。

2011 年 5 月 26 日,支付宝经中国人民银行批准,获得第三方支付牌照,成为首批通过的 27 家企业之一。

(四)一淘网

2011 年 6 月 16 日,阿里巴巴集团将淘宝公司拆分为三个独立的公司:淘宝网、淘宝商城和一淘网。

一淘网是淘宝网推出的一个提供全新服务体验的商品搜索网站。网站以解决用户在购买商品前后遇到的种种问题和为用户提供购买决策、更快找到物美价廉的商品为宗旨。一淘网能够搜索到包括淘宝网、淘宝商城、亚马逊中国、国美、一号店、Nike中国及凡客诚品等知名网站的商品。

（五）聚划算

2010年3月，聚划算作为淘宝网旗下的团购平台开始上线，主要业务是为网络团购商品服务。2010年9月份，正式启用淘宝聚划算域名，并于2011年10月成为聚划算独立公司。其服务主要有城市团购、聚定制、品牌团、整点聚、聚名品、聚家装和生活汇等。它的界面设计可以满足那些买东西不会选择并担心售后问题的顾客，也成为大学生毕业后的创业平台。

（六）阿里妈妈（淘宝联盟）

2007年阿里妈妈作为阿里巴巴旗下一个全新的互联网广告交易平台上线，这是阿里巴巴推出的主要针对网站广告的发布和购买平台。阿里妈妈提出的"广告是商品"的概念，使得广告第一次作为商品呈现在交易市场里，方便广告主和发布商轻松进行相互选择。

2008年，阿里妈妈并入淘宝，全面实施"大淘宝"战略。

2010年初，阿里妈妈更名为淘宝联盟。业务重点也从广告发布平台转向主要发布淘宝商家为主的联盟广告。

2012年12月21日，阿里巴巴宣布在2013年重新启用"阿里妈妈"品牌和域名。

2013年1月10日，阿里巴巴集团战略调整，阿里妈妈事业部成立，阿里妈妈开始了新的发展。

（七）阿里软件（阿里云）

2004年，阿里（中国）软件研发中心成立。

2007年，阿里巴巴软件公司在上海注册成立，标志着阿里巴巴进军企业商务软件领域，阿里软件定位用全新的SaaS模式致力于为中国中小企业提供物美价廉的在线软件服务，满足中小企业电子商务软件和企业管理软件的需求。

2009年9月，阿里巴巴集团在十周年庆典上宣布成立子公司"阿里云"，阿里云由原阿里软件、阿里巴巴集团研发院以及B2B与淘宝的底层技术团队组成，主要在云计算领域研究和研发，并致力于打造互联网数据分享的第一"云计算"服务平台。

2013年底，阿里云做出云服务进军海外市场的计划，在海外设立云数据中心，为海外中国企业提供云计算服务。

2014年2月，阿里云与东软集团结盟，形成强势联盟，以新的面貌开展业务。

（八）淘花网

2010年6月29日，阿里巴巴集团与华数数字电视集团双方整合线下淘宝网和浙江华数传媒网络有限公司的资源，共同成立了一家名为"华数淘宝数字科技有限公司"（下称"华数淘宝"）的企业。

华数淘宝数字科技有限公司创办淘花网。淘花网（现"淘宝数字业务事业部"）是中国第一家综合数字内容交易的平台，致力于做中国领先的数字内容交易平台。淘花网数字内容种类主要包括视频、文档、电子书、网络小说、音乐和图片等形式，目前拥有影视、电子书、电子期刊品种达30000余种。

（九）中国雅虎

中国雅虎是雅虎于1999年9月在中国开通的门户搜索网站。2005年8月，中国雅虎由阿里巴巴集团全资收购。

阿里巴巴集团计划2013年5月将"中国雅虎"归还给美国雅虎。

2013年9月1日，中国雅虎宣布停止服务。

（十）口碑网

口碑网，致力于打造生活服务领域的电子商务第一品牌。

2004年6月，口碑网正式上线，这是国内最早的跨区域一站式满足民众生活消费需求的网络平台。网站提供评论分享、消费指南，它全方位的服务使得口碑网注册用户数量迅速增加，成为当时业界最大的生活消费平台。

2006年10月，阿里巴巴注资口碑网。

2008年7月，口碑网与中国雅虎整合，这也使得口碑网在品牌、搜索技术、用户数量、市场拓展等能力上积聚扩充。

2009年9月,口碑网并入淘宝网,融入"大淘宝战略"。

截至2010年初,口碑网注册用户超过5000万,并共享淘宝网、中国雅虎等阿里巴巴其他子公司会员,影响3亿会员群体,其中绝大多数集中在都市白领以及具有较高消费能力的人群中。

三、马云的成功秘诀

(一)学英语至关重要

虽然高考不断失利成为马云抹不去的历史,但是后来马云曾经当了6年多的英语教师,他流利的英语成为经营互联网的重要助推剂。互联网本来就是无国界的,它开拓了马云的国际视野,并融资做电子商务网站,有机会结识比尔·克林顿,登上《福布斯》的封面;流利的英语使他可以穿梭在达沃斯论坛,让全世界人民都记住阿里巴巴。

就像马云说过的,"我当年学英语,我没有想到后来英文帮了我的大忙。所以,做任何事情只要你喜欢,只要你认为对的,就可以去做。如果你思考问题功利性很强的话,肯定会遇到麻烦的。"

(二)树立远大的目标

马云和他的18名创业成员,在阿里巴巴创办之初,就树立了创业梦想:"我们要建成世界上最大的电子商务公司。"

马云为阿里巴巴树立的远景目标是:成为一家持续发展102年的企业;成为全球十大网站之一;只要是商人就一定要用阿里巴巴!

(三)"让天下没有难做的生意"

马云创立的阿里巴巴的业务使命就是:"让天下没有难做的生意"。

"天下"说明阿里巴巴考虑的是全球化的视野。生意最难做的就是中小企业和创业者,生存难就要解决订单难的问题;成长难要解决管理问题;发展难要解决小企业的融资问题。为此阿里巴巴把未来十年的愿景概括为"通过小企业的IT化,解决小企业采购、销售、管理和融资的难题,提升小企业的竞争力,实现全社会的产业升级"。

马云这样说:"我们要求销售人员出去时不要盯着客户口袋里的5元钱,你们是负责帮客户把口袋里的5元钱先变成50元钱,然后再从中拿走5元钱。"

这也反映了马云的商业经营价值观,马云赚钱的同时,许多创业者也成就了一番事业,马云让"让天下没有难做的生意"的同时,也赢得了顾客的好评!

(四)倒过来看世界

最初在阿里巴巴,"倒立"只是一种独特的娱乐方式。后来,马云将"倒立"当作"政治任务",要求不分性别,每一个员工都要做,这样,倒立就成了员工每天的必修课。后来,《福布斯》杂志刊登了阿里员工的"招牌动作"——倒立的照片。

其实,倒立是马云为了形成打破常规文化的一种做法。他说:"每个人都要学会倒立,因为当你倒立起来,血液涌进大脑,看世界的角度和平时完全不一样,想问题,也就能找到一个不可思议的角度。"马云的倒立思维在其与竞争对手拼杀市场的时候,经常不按常规出牌,出其不意让竞争对手摸不着规律,做到"以己之长,攻其之短"而赢得市场。

(五)精神控制术

马云作为教师出身,其口才令人佩服,浑身都是激情,这种激情使马云就像给员工洗脑一样,经常强调阿里巴巴的目标是要做102年的企业,而即使100年后,价值观也要贯彻执行。

马云在企业会议或者公开场合经常语调抑扬顿挫,眼神诚恳且配合着手势强调"淘宝要做的是一件影响中国零售的事情","我们是一家有理想的公司","支付宝就是要让大银行睡不着觉",他的员工和客户也被他的魅力吸引了,公司员工团结一致,形成蚂蚁雄兵的战斗力,他的顾客也为之疯狂,在阿里巴巴成立的"双11购物狂欢节"忘乎理性地慷慨解囊!

马云这种激情曾一度被媒体视作"精神控制法"。

(六)武侠精神

马云非常喜欢武术和金庸小说,两个人第一次在香港地区会面时,金庸便给马云题字"多年神交、一见如故"。马云也将金庸当成自己的偶像。

马云因喜欢武侠,将阿里巴巴的核心价值观称为"六脉神剑"——客户第一、团队精神、拥抱变化、诚信、激情、敬业,将阿里巴巴员工的价值观行为准则称为"独孤九剑",将办公室命名为"光明顶"。阿里巴巴的员工都有个出自武侠或玄幻小说中的正面角色"花名"。马云自己还有一个外号叫"风清扬"。马云说,"我就喜欢这个人。这个人是个老师,跟我一样,他就是自己打拼。他武功一直是绝世的,但是他自己不出来,他教了令狐冲打天下,令狐冲成为天下第一,这个人挺低调,但我没法低调,这是责任……不一定要听别人怎么成功,一定要研究别人怎么失败。"

(七)唯一不变的是变化

在阿里巴巴内部,变是不需要理由的。马云曾说:"我觉得变化是必然的,互联网最大的特征是变化,阿里巴巴就处在不断的变化之中。"

马云在市场面前,也像"六脉神剑"里说的"拥抱变化"一样,打破常规,将变化当作日常生活。阿里巴巴的发展也在不断地经历改变,从人员到组织结构和业务种类,而这种变的精神也成就了外界称马云为"神马不是浮云"。

(资料来源:阿里巴巴网 http://info.1688.com)

【讨论问题】

1. 结合资料谈谈你对马云创业之路的看法,并分析马云在阿里巴巴创业成功的原因?你得到了什么启示?
2. 结合材料分析阿里巴巴的旗下公司及其业务和盈利模式。
3. 结合阿里巴巴的"11.11"狂欢购物,谈谈阿里巴巴的营销策略及马云的经营理念。
4. 你认为电子商务企业的创业中应该注意什么问题?

9.3 课后思考案例

案例一:马化腾与腾讯公司的商业模式

于1998年11月成立的腾讯公司(Tencent),目前在中国拥有最多的服务用户,同时也跻身于中国大型互联网综合服务提供商的前列。腾讯公司在成立初期坚持秉承"一切以用户价值为依归"的经营理念,并始终保持平稳高速的发展状态。当前公司生产IM软件、网络游戏、门户网站和相关的增值产品。腾讯的战略目标是"为用户提供一站式在线生活服务",并以此完成其业务布局。它的四大网络平台——QQ、QQ游戏、腾讯网和拍拍网成为中国最大规模的网络社区。

广东深圳腾讯公司董事会主席兼CEO马化腾,广州汕头人,1971年生,毕业于深圳大学计算机系,并于1998年11月创立腾讯,被誉为"QQ之父"。

腾讯发展商业模式主要有以下几个阶段。

一、商业模式的增加阶段

1992年2月,腾讯开通即时通讯服务,与GMS短消息、无线寻呼以及IP电话网互联。在1999年,QQ即时聊天测试软件的问世,对国人沟通方式的转变具有重大意义。这引起国人的急切关注。据统计在同年11月,QQ用户注册数量达到100万。

二、商业模式的扩展阶段

2000年6月,腾讯公司采取合作战略,在深圳联通公司"移动新生活"服务首批推出的STK卡中嵌入"移动QQ"菜单,真正实现了Q聊无时无刻不在,使该服务更加方便快捷。

2002年,腾讯公司生产出一种邮箱产品——QQ邮箱,它具有安全、稳定、便捷、快速等特点,已为超过6000万用户提供免费电子邮件和增值邮箱服务。目前,QQ邮箱以及QQ即时通软件成为中国网民网上通信的主要方式。

2003年8月,QQ游戏的问世再次引起互联网娱乐体验的热潮。

2003年9月,腾讯公司在北京嘉里隆重推出的企业级实时通信产品——腾讯通RTX,预示着腾讯开创了企业实时通信服务商的新时代,成为其成功进军企业市场的重要标志。

2003年12月15日,一款最新的即时通讯软件—Tencent Messenger,简称腾讯TM对外发布,适用于在办公环境中和熟识朋友即时沟通的用户。

三、商业模式的延伸阶段

2004年10月27日,腾讯TT(Tencent Traver)作为新产品与用户见面。

2004年12月,腾讯打造出腾讯网这一时尚娱乐网站。通过"2004年中国商业网站100强"大型调查得知,腾讯网的得票率领先于新浪、搜狐、网易等门户,摘得桂冠,跻身于中国强势门户,成为最具影响力的门户网站之一。同时,腾讯QQ.COM被评为中国"市值最大5佳网站"之一。

2005年9月，腾讯网推出拍拍网这一电子商务交易平台，2006年3月正式运营，为顾客提供网上服务和商品自助买卖交易的网上交易服务，具有方便、快捷的特点。

腾讯公司新生产的财付通是一种在线支付应用与服务平台。这种综合支付平台的核心业务是个人应用、企业接入以及增值服务，其业务在B2B、B2C和C2C等领域都广泛涉及。财付通致力于为互联网个人及企业用户提供以安全、便捷和专业为特点的在线支付服务。

WEBQQ是基于Web浏览器的IM服务，具有Web产品固有的便捷性，它不需要下载客户端就能获得基本IM服务，如需要下载客户端，也可最大限度地保持操作习惯。目前，Beta1实现了好友分组、即时聊天和群功能，但无法自动保存聊天记录。然而，现在的版本该功能得到完善，即用网页的形式进行保存，并可以进行下载。

2006年3月，腾讯网发布并运营新的搜索网站——搜搜，主要由图片搜索、音乐搜索、网页搜索、论坛搜索、综合搜索、搜吧等16项产品构成。广大用户通过及时获取互联网信息，为生活提供便利。

腾讯微博在UI方面具有很好的视觉效果，主流UI界面和Twitter的视觉效果相似。并且腾讯微博在正式上线运营时结合腾讯QQ的客户端面板，这样用户在使用时可以通过客户端面板发布和分享微博记录。

2006年11月，腾讯推出免费下载软件超级旋风（现已命名为QQ旋风），支持多个任务同时进行。它具有下载速度快、无广告、无垃圾插件等优点。

2010年，腾讯公司推出QQ电脑管家。这种新型产品，是由QQ医生和QQ软件整合而成的最新电脑安全卫士。它拥有一款盗号木马专杀工具，针对盗取QQ密码的木马病毒进行查杀，而且能够准确扫描出盗号木马程序并及时有效地清除。QQ电脑管家打破了传统杀毒软件复杂困难的操作习惯，具有界面简洁、简单舒适的特点。并且它可以自动更新，为用户提供了更加贴心安全的服务。

2010年5月，腾讯公司最新发布了一套桌面词典软件—QQ词典。用户可以享受词语基本解释、网络解释和例句、百科、屏幕取词等服务功能。

2011年1月，腾讯公司推出一种为智能手机提供即时通信服务的应用程序——微信。这种新产品跨通信运营商和操作系统平台,仅需消耗少量网络流量便可免费快速发送文字、语音短信、图片甚至视频,还可以使用一些服务插件,如"摇一摇"、"漂流瓶"、"朋友圈"、"音记事本"等深受网友用户的喜爱。

此外,微信和财付通联合推出一种移动支付创新产品——微信支付,旨在为广大微信用户和商户提供更加优质的服务。财付通支持微信支付的支付系统以及安全系统。

四、商业模式的退出阶段

考虑到中国广大的移动用户,腾讯放弃了与中国联通的合作,与中国移动成为合作伙伴。与中国移动合作生产的"移动梦网",激发了QQ在无线SP市场的商业潜力。

五、商业模式的进一步扩展阶段

2005年9月,腾讯公司提出了基于QQ\QQ游戏以及QQ3G、移动门户四大平台的在线生活产业模式。

【思考问题】

1. 结合资料谈谈你对马化腾的创业思想的评价。
2. 分析腾讯公司采用了什么样的商业模式,你认为它成功了吗?原因是什么?

案例二:蓝色巨人IBM的创业过程与产品转型

International Business Machines Corporation,曾译为万国商用机器公司,首字母缩略字为IBM,于1924年2月14日在美国创立,总公司设在美国纽约州阿蒙克市,是一家提供信息服务的跨国公司。IBM在物理、化学、材料等自然科学领域有很大成就,如硬盘技术、扫描隧道显微镜铜布线技术、原子蚀刻技术都为IBM所发明。IBM的研发部门也有很大造诣,在1973年、1986年、1987年分别获得诺贝尔奖。IBM被誉为"蓝色巨人"(Big Blue)。

一、计算机之父——托马斯·约翰·沃森

(一)在忍耐和辱骂中成长

托马斯·约翰·沃森,1874年2月17日生。他的家位于美国纽约北部,是一个贫困的农民家庭,虽然家境贫寒,但他始终保持积极乐观的生活态度,并且他始终相信只要努力付出就能获得回报。

沃森的乐观精神与他父母的影响息息相关,此外他还继承了父母许多其他的优点,如认真、正直、踏实和崇尚个人奋斗。

由于家庭贫苦,也为了减轻父母负担,沃森几乎没有上学,17岁便进入社会。他的第一份工作是替一家五金店老板推销缝纫机。这份工作使小小的沃森受到许多白眼,但也让他经历磨炼。后来沃森在谈到自己早年的辛苦时说:一切始于销售,没有销售就没有美国的商业。1895年10月,身处困境的沃森凭着韧劲打动了老板,进入收入可观的"全国现金出纳机公司"。拜访公司分部经理兰奇先生时,沃森以微笑来面对兰奇的百般责骂,在羞辱中表现出惊人的忍耐力,在绝对服从中不断学习推销。所以,在1899年沃森荣升为分公司经理。到1910年,他已成为公司中仅次于帕特森老板的第二号人物。

但是帕特森是以独裁专横闻名,总是解雇虽有功绩但可能成为威胁的雇员。在1913年帕特森听信了副总裁的谗言,以拉帮结伙、扶持亲信为由将沃森辞退。沃森极力申辩无效,愤而辞职。不甘心的他立誓报仇:"这里的全部大楼都是我协助筹建的,现在我要再创一个企业,一定会比帕特森的还要大。"

(二)40岁的创业

按照一般人的想法,40岁已超过创业的年龄,但沃森并不这么认为,他对自己充满信心,认为自己的潜力还没有得到充分的发挥,在他的潜意识里,知道自己可以成就一番大事业。

1914年6月,沃森遇到了IBM前身的奠基者弗林特,他是华尔街最红火的金融家,号称"信托大王"的他对沃森的才能早有耳闻,他聘任沃森为计算指标记录公司的经理。精明的沃森除了有一份体面的薪水外,还要求得到利润的一定比例作为奖励。当时,这家弗林特属下的公司已负债累累濒临破产,但沃森对这家公司却颇感兴趣,原因是他认为计时钟和制表机都是办公自动化的工具,拥有广阔的商业前景。在此后的10年间,沃森一直忍辱负重地工作,发挥早期推销时死缠烂打的精神,用卓越的成绩改变了众人对他的歧视。

"负债只说明过去,而这笔贷款是为了将来。"这是沃森一生中最伟大的推销词。在沃森上任后,凭着这句话打动了银行官员,贷款5万元用于产品研发。逐渐地,公司渡过了最初的艰难时刻,业绩开始迅速上升。

第一次世界大战结束时,沃森推出新型打印—制表组合机,由于产品满足了当时顾客的需求,订货单接踵而至,迅速在广大消费者中得到普及。同年,公司的销售额达到1300万美元,利润也高达210万美元。1924年2月,公司总经理沃森决定将公司正式更名为国际商用机器公司,人们称之为IBM。刚满50岁的沃森开始了融入IBM的32年生涯。

20世纪30年代初期,IBM开始进军打字机行业,生产打字机、打孔机、打孔卡片、分类机和会计计算机等系列产品,并创新性地创造出电动打字机、字母制表机等新产品。到30年代末期,IBM拥有3950万美元的销售额,一跃成为全美最大的商用机器公司,并且其利润超过4家同行精英之和。

第二次世界大战结束后,IBM以敏锐地察觉并率先攻占计算机市场。沃森虽然没有上大学,也没有任何技术背景,但市场经营的长期锻炼造就了他敏锐的直觉。可以说,如果没有沃森,计算机只能是一种运算工具而称不上是技术,因此他被誉为"计算机之父"。但真正的计算机事业是由他的后代蓬勃发展起来的。

1949年,沃森正式授权儿子小沃森为执行副总裁,让新兴人才发展新兴行业。

1956年,在他生命的最后一年完成了权力交接。1955年成为他人生中最完美的一年,7亿美元的收益额几乎是1846年的6倍,在80年代之后,IBM成为世界大型工业公司之首。

二、IBM的发展经历

(一)早期阶段

IBM起源于电子计算机发展前的几十年,它经营穿孔卡片数据处理设备。1911年6月15日,IBM在纽约恩迪科特作为CTR公司进行注册。所谓CTR公司是由列表机公司、计算表公司和国际时尚唱片公司合并建立。

1917年,CTR在加拿大市场创立国际商用机器有限公司。1924年2月14日,正式改名为国际商用机器公司。CTR公司生产多种产品,包括磅秤、员工计时系统、自动切肉机,最有成就的为发展计算机和穿孔卡片设备。

1932年,IBM投入巨资成立第一个企业实验室,这使得IBM在同一时代的产品技术上处于领先地位。在经济大萧条时期,IBM致力于投资新产品的研发,它生产的产品比其他公司更好、更快、更可靠,所以赢得了独家代理罗斯福新政会计项目的合同。1935年,IBM的卡片统计机产品拥有85.7%的市场占有率,这为公司积累了雄厚的财力,加强了销售服务能力,为以后成为计算机领域的主宰奠定了重要的基础。

IBM与中国的缘分源远流长,早在1934年,IBM与北京协和医院合作,为其安装了第一台商用处理机。1936年,IBM在中国上海成立了第一个远东区办公室,这对中国乃至整个东亚地区的布局发展产生了深远的影响。1937年,从IBM上海办公室拨出了首个越洋电话,开辟了中国与世界连接的新途径。

(一)第二次世界大战期间

在第二次世界大战过程中,IBM生产M1卡宾枪和勃朗宁自动步枪等先进武器。军队将IBM的设备广泛用于军事计算以及后勤等处。在洛斯阿拉莫斯,人们使用IBM穿孔卡片机做计算发展原子弹头的曼哈顿计划,这曾经在一本畅销书《你在开玩笑,费曼先生》中特别讨论过。除此之外,IBM在战争期间为海军创建Harvard Mark I,成为美国第一个大规模的自动数码电脑。

1944年,IBM与哈佛大学进行合作,电子管计算机MARK-1和MARK-2相继问世,随后制成电子管继电器混合大型计算机SSEC。

(三)20世纪50年代

20世纪50年代时,IBM成为美国空军自动防卫系统电脑发展的主要承包商,并且在麻省理工学院进行了关键性研究。IBM创造了56台智能电脑,每台售价过万,尤其在高峰期工程投入了总员工的20%之多,这是为了长远发展的目标,即利用尖端电子计算机进行研究的军事投资。此外,IBM运用其丰富的设计经验,对实时网络设计与智者航空公司预订系统进行综合,取得了较完善的结果。

自晶体管计算机问世以来,IBM又研发小型数据处理计算机

IBM1401,通过晶体管线路、磁芯存储器、印制线路等先进技术大大减小主机体积,此时的电子数据处理计算机彻底取代了卡片分析机。在以后的四五年里,IBM 又推出不同型号的计算机,销售数量达到 14000 台以上,奠定了 IBM 在计算机行业的领先地位。

(四)20 世纪 60～80 年代

20 世纪 60 年代的 IBM 是当时最大的电脑公司,其电脑系列在市场中占有举足轻重的地位,如今的 IBM 地位仍在上升。旧时的 IBM System/360,改为现代化 64 位形式,现称为驻 IBM 系统,一般称为 IBM 主机。

半导体集成电路的出现给予 IBM 启发,于是有了第三代集成电路计算机。在 1964 年,IBM 推出划时代的 System/360 大型计算机,开创了大型机时代。这种计算机的出现意味着所有计算机都有了一种共同语言,即共享代号为 OS/360 的操作系统,自此,世界上几乎所有计算机的研制和开发都以 IBM360 系列系统为基准,成为世界发展的一种重要趋势。

1960 年,IBM 的成功使得美国司法部调查 IBM 违反"反托拉斯"。1969 年 1 月 17 日,IBM 在美国地区法院纽约南市接受审理。官司声称 IBM 违反谢尔曼法第 2 条,尤其是商业设计的电脑,诉讼持续到 1983 年,产生了重大影响。

1975 年,IBM 成为一个集科研、生产、销售、技术服务和教育培训为一体的联合企业,它的计算机生产量是世界其他所有计算机厂家的 4 倍。

1960～1970 年,IBM 计算机事业蓬勃发展,也带动了社会其他行业的发展,比如协助美国太空总署建立阿波罗 11 号资料库等。

1981 年 8 月 12 日,IBM 推出 5150 的新款电脑——世界上第一台个人电脑,售价 1565 美元,只有 16K 字节的内存,可以使用盒式录音磁带来下载和存储数据,此外也可配备 5.25 英寸的软键盘驱动器。

电脑让阅读很好地融入了电脑与网络组成的世界里,语言在此也有了清晰的层次。从机器语言、汇编语言到高级语言,它们不断满足着人们的要求,面向了更广泛的对象。

1979 年,IBM 开始了在新中国的发展之路。中国引入了先进的计算机设备和信息化理念:中国银行史上的第一台计算机 IBM3020 在香港地区启用,IBM 向中国大陆出售的第一台计算机 IBM370/138 大型机在沈阳鼓风机厂使用,这拉开了中国与 IBM 全面合作的序幕。

作为全球信息产业的领袖,IBM 以前瞻的思想、诚信的服务、创新的技术、深刻的商业理解支持着中国各行各业的快速发展。

(五)20 世纪 90 年代以后

1993 年 1 月 19 日,IBM 宣布上一年会计年度亏损 49.7 亿美元,这是当时美国历史上最大的公司年损失。

1996 年,IBM 喊出"电子商务"的口号,没人会想到这个概念会在以后带动整个 IT 业乃至整个社会的发展。而当社会还沉浸在电子商务带来的巨大惊喜时,IBM 已勾勒出电子商务发展第三阶段的蓝图,为以后人们的生活带来了翻天覆地的变化。

2001 年 3 月,IBM、新力、东芝达成共识,共同开发次世代游戏机的处理器。

之后,IBM 把重点转向推动企业解决咨询、服务、及软件,着重硬件和高价值芯片技术。截止到 2005 年,公司拥有 195 名专业技术人才,大约 350 名杰出工程师,60 名 IBM 研究员和大量高级工程师。同年,IBM 正式发布开始 100 亿美元的研究计划,并使用必要的技术基础设施,提供足够的超级资源。

从 1993 年到 2005 年,IBM 每年获得的专利数量比其他公司明显增多,总额已超过 31000 项。近年来,IBM 仍在不断加大专利组合。

2003 年《财富》杂志引述 IBM 研究主管保罗的话:保护公司的知识产权已逐渐成为企业的一项事业,IBM 通过知识产权许可证带来了 10 亿美元的利润,这对中国的许多企业具有很大的启示。

2004 年,IBM 宣布出售个人电脑业务给中国联想集团。中国交易委员会于 2005 年 3 月批准外商投资,2005 年 5 月完成。由于联想企业部分是由中国政府控股,IBM 以 6.5 亿美元现金购买了 6 亿美元的联想股票,此时,IBM 拥有 19% 的联想股权,将总部设在纽约并任命行政总裁。联想公司可保留为期五年的一些品牌的使用权,但因购买继承了 Thinkpad 产品线,laptop 已成为联想最成功的产品。

2005 年 2 月 8 日,IBM、新力、东芝再次合作开发"Cell"中央处理器架构。

2006年，IBM连续14年成为美国取得专利数量最多的企业，并以3621件专利刷新纪录，其中并不包括30件与其他实体共同获得的专利。

2006年，IBM请全球的法律、学术、经济、管理、科技和其他领域的专家共同探讨问题，组建了一个全球性的社区，内容是明确一个功能完善的知识产权市场的主要特征，并实现卓有成效的改革。

在历时两个月的讨论中，专家组探讨与知识产权相关的最重要的问题，能够达成一致意见，但也需要精益求精。研究成果会在《创建新的知识产权市场》报告中列出。报告对知识经济环境下的知识产权的原则作出明确规定：专利所有权应明示，市场参与者自律，知识产权的价值应按照公开市场的最新情况公平确定，市场的基础结构应灵活，支持不同形式的创新。此原则在全球范围内就以上各项达成了有实际意义的意见。

在未来十年，IBM的战略发展核心是"智慧的地球"计划，每年IBM都会投入研发投资额的一半以上给这个计划。

2008年，IBM总裁兼CEO首次对外发布"智慧的地球"概念：全球化的人类社会将复杂的自然系统转化为复杂的商业和社会系统，而这个系统基于统一的智能全球基础设施：一个日益整合的、由无数系统构成的全球性系统——包含60亿人、成千上万个应用、1万亿个设备及其之间每天的100万亿次交互。或许这听上去只是一个乌托邦的幻想，但"智慧的地球"却是可以实现的"可能"。

2009年，IBM充分把握"感知化、互联化、智能化"的科技大势，提出了"智慧的地球，智慧城市"的愿景。2009年1月28日，"智慧的地球"战略被提上日程。当日，美国工商界领袖举行了一次圆桌会议，IBM的CEO向美国总统奥巴马提出了这一概念。该战略的内容大致为：将感应器嵌入和装备到电网、铁路、建筑、大坝、油气管道等各种现实物体中，形成物物相连，然后通过超级计算机和云计算将其整合，实现社会与物理世界融合。在此基础上，人类可以以更加精细和动态的方式管理生产和生活，达到"智慧"状态，提高资源利用率和生产力水平，改善人与自然间的关系。

如今，IBM的创新解决方案在政府、企业、民众关心的重要领域全面开展，其中主要针对节能减排、食品安全、云计算、虚拟化等热点方向。

2011年12月17日，IBM的超级计算机"沃森"（Watson）被誉为21

世纪计算机科学和人工智能方面的伟大突破。"沃森"能够更加精准地满足信息需求,在未来的潜在应用领域具有很大价值,与IBM的"智慧的地球"的理念以及IBM所提供的行业服务也非常契合。IBM的研究人员、大学合作伙伴以及客户尝试通过应用问答技术使"沃森"具备更多潜在用途。目前看来,"沃森"至少能在以下行领域:电子、能源与电力、政府、卫生保健、保险、石油天然气、零售、通信、交通、银行与金融市场行业有所应用。

2011年10月,IBM成功收购Algorithmics。Algorithmics是重要的企业风险解决方案的供应商。Algorithmics不仅与世界各地的金融组织进行合作,而且其全球支持团队风险专家分布在所有主要的金融中心,为市场风险、信用风险、操作风险及抵质押品和资本管理提供最佳完善的解决方案。让Algorithmics成为IBM软件集团的重要成员,可以提高公司对金融服务行业的分析能力,更是拉动长期增长的策略。

三、IBM转型

20世纪90年代,IT行业发生了巨大变化,同时也是各企业竞争最激烈的时代。然而此时IBM的传统支柱PC业务已进入衰退期,IBM陷入前所未有的困境,公司濒临破产。在郭士纳的带领下,IBM成功地从制造商转型为服务商。它的转型带来业绩的不断增长,在2001年IBM的服务收入达到349亿美元,在总收入中占有将近一半的比重,首次超过硬件成为IBM的第一收入来源。

自此,硬件以及大型机的销售在IBM的主要业务中所占比例逐渐减小。可以说,IBM在这10年间能够成功转型得益于其遍布全球的IT服务,尤其是针对大型企业和政府客户的服务。

(资料来源:总裁学习网 http://www.cs360.cn)

【思考问题】
1. 结合资料谈谈IBM是如何在的不同发展阶段采用不用策略的。
2. IBM为什么在20世纪90年代要转型?你认为IBM转型成功吗?为什么?
3. 结合资料谈谈IBM是如何成为"蓝色巨人"的。

第10章 企业文化管理案例

10.1 本章导读

企业文化管理是指企业对理念文化、制度文化、行为文化和物质文化等文化内容进行凝练和提升,进行合理的文化建设、完善与传播,使领导层和普通员工形成一致的奋斗目标和共同的价值观,从而实现良好的经营业绩的文化管理。

本章课堂讨论案例:"华为'狼与羊'文化的选择与转变",详细介绍了华为公司的企业文化以及华为文化的演变,适用于课堂讨论企业不同阶段的文化转变以及企业文化对于企业发展重要作用的研究,有助于提高学生对于企业文化建设的认知和理解。

本章课外思考案例:"百年老字号同仁堂:文化传承与创新"对百老字号同仁堂的文化传承与创新的文化演变与发展以及文化的发展背景进行分析,案例适合讨论企业在传承既往文化的同时,如何根据社会发展的进步对企业文化作出改革创新。"莱钢集团——学习型组织"对于莱钢集团建立学习型组织做了阐述分析,适用于研究学习型组织对于企业发展的重要性,以及学习型组织给企业带来的推动意义。

10.2 课堂讨论案例

华为"狼与羊"文化的选择与转变

华为技术有限公司是专注于生产、研发通信器材的公司。1987年任正非在深圳建立了华为公司,当时的华为不被人所知,可是25年后的华为已经摇身一变成为了家喻户晓的知名企业。全球排名前50名的电信运营商中,使用华为产品和服务的就有45家。华为的业务涉及范围较广,致力于在业界做最成功的企业,不断努力开发新的技术来满足人们的需要，为人们的美好生活作出贡献。

一、华为企业文化的基本内容

华为的愿景：是在电子信息领域实现顾客的梦想，并依靠点点滴滴、锲而不舍的艰苦追求，使我们成为世界级领先企业。

华为的企业精神：爱祖国、爱人民、爱事业和爱生活是凝聚力的源泉。责任意识、创新精神、敬业精神与团结合作精神是企业文化的精髓。

华为的使命：华为以产业报国和科教兴国为己任，以公司的发展为所在社区作出贡献。

华为的核心价值观：资源是会枯竭的，唯有文化才会生生不息。一切工业产品都是人类智慧创造的。华为没有可以依存的自然资源，唯有在人的头脑中挖掘出大油田、大森林、大煤矿……精神是可以转化成物质的，物质文明有利于巩固精神文明。坚持以精神文明促进物质文明的方针。其文化，不仅仅包含知识、技术、管理、情操等，也包含了一切促进生产力发展的无形因素。

二、华为"狼性文化"的特点

随着华为的不断壮大，高层管理者对危机的警觉能力逐渐增强，华为董事长任正非主张做成功企业必须要有狼的精神，因为狼是群体奋斗，具有敏锐的嗅觉、不屈不挠和奋不顾身的进取精神。这种凶悍的企业文化，使华为在国内外获得了极大成功。"学习、创新、获益、团结"是华为"狼性文化"的八字特征。"狼性文化"主要有以下几个方面。

①垫子文化。在华为创业的初期，华为的员工晚上经常加班，如果晚上加班很晚了，就不回去了，所以，华为每一位员工的办公桌下都有一张垫子，用来午休和晚上加班使用。加班晚了不回家了，直接将垫子拿出来睡觉，后来华为人称之为"垫子文化"。

②不穿"红舞鞋"。任正非坚持不穿"红舞鞋"，他深信只有专注于现有领域，才能把企业做强、做精，丰厚利润的背后必然会有很大的付出，企业一旦穿上"红舞鞋"之后就必须进行调整，如果摆脱她却要付出沉重的代价。因此任正非告诫员工要专注于公司已开辟的现有领域，不涉及其他的领域，使企业持久健康地发展下去。

③军事化管理——"公司不是我们的家"。公司刻意远离媒体，使得

员工面对外界和传媒不敢多说话，精神时刻处于紧张之中。而且，华为过于强调竞争与忧患意识，使员工工作压力大，整个企业充满危机感和防范心理，以至于华为 26 岁的张锐、25 岁的胡新宇都因此英年早逝。

④文化洗脑。华为企业内部每年都要面向学校招聘许多的应届毕业生，只要他们通过筛选到达华为，那么他们接下来要过的就是被称为"魔鬼训练"的"文化洗脑"。毕业生到华为将经历严格的考评，内容非常丰富，持续一个星期的入职培训，对于毕业生来说是一次炼狱。为了使华为文化得到进一步强化，使其深入人心，新员工必须坚持每天早晨起床跑操，不允许迟到。

三、"狼性文化"向"羊性文化"逐渐转变的原因与措施

华为企业的"垫子文化"、"军事化管理"和"狼性文化"等，在华为创立之初推动了企业的发展壮大。从 1996 年开始，华为步入国际化征程，并与 IBM 公司、贝尔实验室和惠普、3COM、西门子、松下、英特尔、摩托罗拉、朗讯等多家公司开展了多方面的研发和市场合作。在与世界一流跨国公司接触的过程中，华为的"土狼精神"很难与国外合资公司的自由独立的科技创新精神融合，进军美国出现的人员管理问题更是让华为困惑，从而阻碍了华为的进一步发展，华为企业也开始逐渐破除狭隘文化，转变为"羊性文化"。具体措施如下：

①华为逐渐构建了以人为本的企业环境。首先，员工是企业重要的资源，重视员工的个性和自主性，员工可以畅所欲言、积极地表达自己对公司的建议和看法，实现企业内部的无障沟通，方便企业快速纠正自身的不足。为员工提出各种福利保障和心理咨询等来为员工的健康保驾护航，这样人性化的企业环境为华为的进一步发展提供了保障。

②华为企业文化逐渐具有灵活性。华为企业文化在随着环境和条件而适当进行调整，在保持自身的稳定性基础上实现了"与时俱进"。只有目光远大、思维广阔的人才能抓住机遇，实现成功。

③形成普世商业文化。建立中西文化结合的普世商业文化，如"责任、敬业、创新"成为华为新文化的核心部分。华为从 2002 年开始聘请国内著名专家、教授对企业所有总监级以上的高层人员每年进行为期数天的封闭式培训，内容主要包括传统的东方文化与现代的西方哲学。

④管理制度国际化接轨。在与国际企业合作后，华为不断从专业术

语的表述语言和管理模式上向美国 IBM 学习,从原来只是以中国式的管理思想为指导到后来的中西结合的管理理念。华为认为必须在适当的时机引入核心人物 CEO——"丙种球蛋白",只有这样才能激发华为实现管理水平从国内一流向国际水准的超越。

华为在"狼性文化"向"羊性文化"逐渐转变时,面临的问题仍然很多,建立真正的"羊性文化",还有很长的路要走。

(资料来源:世界华人企业网 http:www.bicixiangai.com)

【讨论问题】

1. 结合材料谈谈华为实施"狼性文化"的背景,对华为的初期发展有什么作用?
2. 华为"狼性文化"向"羊性文化"转变的原因是什么?给你带来了什么启示?
3. 结合资料谈谈企业文化建设与企业发展阶段的相互影响。
4. 你认为华为文化有什么不足之处吗?你认为有什么对策可以完善呢?

10.3 课后思考案例

案例一:百年老字号同仁堂——文化传承与创新

北京同仁堂是药业中华百年老字号,在清朝康熙八年(1669 年)创立,至今已经 340 多年的历史,其间供奉皇室御药近 188 年。古今同仁堂本着"修合无人见,存心有天知"的理念诚信经营,对于药品的生产坚持恪守"炮制虽繁必不敢省人工,品味虽贵必不敢减物力"的古训和精益求精的企业精神。同仁堂获得了中国第一个驰名商标,并被国家商业部授予"老字号"品牌,2006 年同仁堂中医药文化进入国家非物质文化遗产名录,知名度和美誉度不断提高,在国内外都享有盛誉。

一、同仁堂的发展历史

1669 年,乐显扬创办同仁堂药室。

1706 年乐凤鸣在宫廷秘方、民间验方、家传配方基础上总结前人制药经验,完成了《乐氏世代祖传丸散膏丹下料配方》一书,该书序言明确提出"炮制虽繁必不敢省人工,品味虽贵必不敢减物力"的训条,成为历代同仁堂人的制药原则。

1723年(清雍正元年)，由皇帝钦定同仁堂供奉清宫御药房用药，独办官药，历经八代皇帝，188年之久。

1989年，国家工商行政管理局商标局认定"同仁堂"为驰名商标，受到国家特别保护，"同仁堂"商标还是中国第一个申请马德里国际注册的商标，大陆第一个在台湾地区申请注册的商标。

1997年，由集团公司六家绩优企业组建成立北京同仁堂股份有限公司。同年7月，同仁堂股票在上证所上市，这标志着同仁堂在现代企业制度的进程中迈出重要步伐。集团公司所属企业8条主要生产线通过澳大利亚GMP认证，为同仁堂产品进一步走向世界奠定了基础。

2005年，成立了北京同仁堂科技发展股份有限公司，在香港创业板上市，实现了国内首家A股分拆成功上市，同年5月成立了同仁堂麦尔海生物技术有限公司，开始了在生物工程领域的初步探索。同年10月，中国香港地区成立了同仁堂和记(香港)药业发展有限公司，为同仁堂产品进入国际主流市场迈出了关键一步。

二、传承中医药文化的同仁堂企业文化

同仁堂是祖国传统中医药文化的继承者。中医药理论是祖国传统中医药文化的精髓，同仁堂文化结合了中国儒家、道家思想精华，在坚持辩证法理念基础上继承传统中医药理论。供奉御药使同仁堂中医药形成了"配方独特、选料上乘、工艺精湛、疗效显著"的制药特色，至今仍有良好口碑。

同仁堂集团文化的历史传承可从以下几个方面理解。

(一)同仁堂文化的价值观

同仁堂的价值取向源于"可以养生，可以济人者惟医药为最"的创业宗旨，创业者将把行医卖药作为一种济世养生、效力于社会的高尚事业来做，这种价值观继承了中华文化精髓儒家思想的核心"仁、德、善"。

(二)同仁堂文化的质量观

由于同仁堂自成立开始就供奉御药，迫于皇权的压力，对质量不敢马虎，要求非常严格，他们对职工进行传统的质量教育、对产品进行严格标准的监督控制。同仁堂人本着"修合无人见，存心有天知"的信条严格自律，恪守诚实敬业的药德，形成"安全有效方剂；地道洁净药材；依法科学

工艺；对证合理用药"的制药规范，并将质量规范渗透于企业制药和管理的各项工作之中。2000年，北京质量协会授予北京同仁堂科技发展股份有限公司"北京市推行全面质量管理二十周年先进企业"称号。

（三）同仁堂文化的经营观

同仁堂的经营理念是"诚信为本，药德为魂"。具体体现是以患者为中心的"以义取利，义利共生"的行为理念。它所形成的是"德、诚、信"的思想和诚信文化。

（四）同仁堂文化的品牌观

同仁堂品牌是同仁堂的无形资产。同仁堂非常重视品牌宣传，并利用朝廷会考机会，免费赠送"平安药"等方式提高同仁堂的知名度和美誉度，打造了良好形象的同仁堂品牌。

（五）同仁堂文化的人才观

古今同仁堂非常重视人才，利用儒家精髓"仁和"思想塑造了"人和"用人理念，关心员工的物质和精神文化生活，并培养出大批善于管理的医药专家。

三、同仁堂文化发展中的创新

同仁堂从最初的作坊店发展到今天的集团公司，从民间验方、宫廷秘方到高科技含量的中药产品，从丸散膏丹到片剂、口服液、胶囊剂等多种剂型，300多年的历史无不渗透着同仁堂文化的创新。

（一）体制创新

同仁堂在1997年成立北京同仁堂股份有限公司，并于同年7月，同仁堂股票在上证所上市，这标志着同仁堂在现代企业制度的进程中迈出重要步伐。同仁堂作为国企体制的创新融入资金，并扩大生产规模，进行技术革新，有力地推动了同仁堂的持续健康发展。

（二）战略创新

同仁堂在开拓市场时，利用中华百年老字号的品牌优势进行战略合作创新，以同仁堂品牌作为无形资产入股，实现了与国际战略合作。

（三）市场开发创新

同仁堂在市场开拓过程中，不断创新，并创办《同仁堂》报对内宣传，对外利用各种媒体进行同仁堂整体形象的宣传。在建立自主销售终端的过程中,同仁堂探索出一套适合自身的经营体制,以药、店、医三位一体的经营模式,推动同仁堂走向世界的进程。

(四)科技创新

同仁堂集团的科研硬件水平在同行业中领先,拥有的现代化生产线,具有完善药理室、SPF级实验动物房、工艺制剂室、质量检测室等。

1997年,同仁堂集团公司所属企业8条主要生产线通过澳大利亚GMP认证,为同仁堂产品进一步走向世界奠定了基础。1999年,同仁堂发展委员会成立,其宗旨是"立足全国、面向世界、着眼未来",提高同仁堂产品的科技含量,为同仁堂在21世纪的腾飞提供拥有知识产权的"重磅产品",保证了科技持续创新的有效进行。2000年,北京市科学技术委员会认定,北京同仁堂科技发展股份有限公司为高新技术企业。

(资料来源:北京同仁堂 http://www.tongrentang.com/brandstory/history.php)

【思考问题】

1. 谈谈中国传统文化与同仁堂文化的关系。
2. 结合材料谈谈同仁堂文化的特点。
3. 结合资料谈谈你对同仁堂文化创新的评价。效果如何?

案例二:莱钢集团——学习型组织

莱钢始建于1970年1月,现在是具有综合生产能力的特大型钢铁联合企业。2008年3月山东钢铁整合重组,莱钢隶属于山东钢铁集团有限公司。其中莱钢的热轧H型钢、热轧带肋钢筋、轴承钢、齿轮钢四种产品获国家冶金产品实物质量"金杯奖",热轧H型钢还荣获"中国名牌"称号,这也是全国冶金行业首批、山东省冶金行业第一个钢材类的中国名牌。

进入21世纪,迈进WTO的门槛,中国企业已顺应时代潮流卷入这场全球性的激烈竞争中。彼德·圣吉创立的学习型组织理论犹如一颗在夜空闪耀光辉的灿烂星辰,为众多尚在迷茫中停滞不前的组织指明了道路。近年来,莱钢集团公司领导班子审时度势,干部职工上下同心,在集团公司范围内广泛深入地掀起了创建学习型组织的热潮,学习型组织理念在莱钢已产生了春风化雨般的效果。

一、莱钢创建学习组织的措施

(一)领导层大力支持

为了保证整体有创建学习组织的体制环境,莱钢集团董事长特地做了相关批示,对员工提出相应的要求,并以身作则,上下级步调一致,保证计划可以顺利实施。

(二)创建学习型工厂

莱钢创建学习型组织是从炼钢厂启动的。由于"3·10"事故的发生,炼钢厂决定进行学习改造,绝对不允许再犯下任何错误,以求对工厂的建设作出创新和发展。

(三)有效组织管理

创建学习型组织的范围逐渐从集团公司到炼钢厂以及其他单位,目前正扎实有效地进行,党、政、工、团等部门紧密配合,公司、分厂、车间、班组上下联动,各种学习读书小组、研讨会、教育实践活动进行得有声有色,成效斐然,整个莱钢沉浸在一个分工明确、认真负责、齐抓共建的良好机制和创建氛围当中。

(四)与管理制度结合全面推进

莱钢集团在目标中提出,各单位创建学习型组织要与本单位的生产经营和管理工作实际情况结合起来,扎实推进,平稳发展,注重实效;要与建立现代企业制度相结合,以"管理科学"为接口,在机构设置、机制运行以及资源配置等方面用学习型企业的基本特征和要求加以整合,建立具有"学习型组织"特点的现代企业制度;要与建设企业文化相结合,把学习型组织的先进理念融合于其中,建立理念、行为和视觉的识别系统,体现出浓厚的学习型组织文化内涵,形成强大的企业文化创造力、凝聚力。

二、创建学习型组织的目标

为了提高莱钢的竞争力,集团设立了一个总的目标——建立学习型组织,通过创新学习,增强竞争力与创新力,以最终达到这一目标。

莱钢将学习的活动开展到了工厂与车间,要求各个部门组织之间不断交流,并且对于新职工的培训课程中也加入了关于学习创新的内容。这一切就是为了使活动切实开展下去,为了最终可以达到完满效果。

三、正确处理五个关系,巩固学习型组织的建设

莱钢是大型国有企业,具备国有企业的一般属性,坚持以马列主义、毛泽东思想、邓小平理论和"三个代表"重要思想为指导,牢固树立和认真落实科学发展观是立企之本、发展之基。莱钢集团加快了学习的步伐,努力创建学习型组织,为此,进一步推进学习型组织建设,集团公司应认真处理好五个关系:

第一,明确马克思理论与新型组织之间的关系,马克思理论指导着学习型组织理论。通过对于一般性规律的研究,马克思主义指导着新型学习组织,加快了企业的快速发展。

第二,正确处理学习型组织理论与其他管理理论的关系。作为当今最先进的管理理论之一,学习型组织理论的产生是企业管理实践和时代发展的需要,它从宏观上解决了一些基本的认识、思维和工作方法,改善了人们的思维方式、心理模式,重点是解决了企业发展的内在动力机制问题。学习型组织理论并不能包治百病,任何一个组织是选择学习型理论还是选择其他管理理论完全是组织从自己实践出发,根据需要而定的。学习型组织理论应该与其他先进的管理理论并存于企业,而不是也不能完全代替其他专业理论和管理理论,它的本质要求就是要吸收一切对组织发展有益的理论和知识来为其发展做好充分准备。

第三,坚持创新,坚持改进,坚持提升整体素质,坚持学习,坚持团队,实现自我超越,实现改善模式,坚持改善理论方法,坚持处理好两者的关系,坚持系统思考,坚持理论和方法。

四、学习型的莱钢集团的拓展

经过不懈的努力,莱钢集团终于成为了创新型集团。莱钢通过举办年会,加深与其他组织之间的交流,获得了一系列的荣誉和嘉奖,在众多的专家眼里,莱钢的这一次成功,如同"小岗村"一样,在众多人的心里,有着极为重要的地位。不论从精神还是从形式上,莱钢集团都值得学习,党校的专家们认为莱钢集团绝对配得上这样的称谓。

(一)创建独特的组织模式

莱钢党委采取了一种新的、特别的模式,首先,要对莱钢进行新的定

位,应该将对党的建设融入到企业的建设中来;其次要完善机制,保持与其他机构间的交流;然后要突出;最后应当结合客观世界和主观世界对系统进行优化。

(二)建立学习型党组织,实践运用学习型

重在反思学习,持续改进;重在学用结合,做到"学习工作化,工作学习化"。莱钢板带厂机械车间轧线维修班,由党员发起成立的"开放式创新研发室"以问题为导向,开展团队系统学习,参与其中的职工来自不同班组,自由参与,自主管理。在后来的一年的时间里,莱钢集团加大了创新的力度,一项新的"开放式的研发室"获得极高的评价,也赢得了九项专利授权大奖,这一年的莱钢集团可以说是硕果累累。

为了提高党的创新力与活力,激励组织进行学习,党委连续四次对党组织进行表扬,希望以此来激励学习。其中《创新实施的廉洁效能管理体系》得到了中纪委的肯定,通过《中国监察》在全国推广。面对国际金融危机带来的严峻挑战,莱钢以学习创新为动力,大力推进转方式、调结构,及时适应大环境,因此保持了经济平稳较快的发展。

(资料来源:莱钢集团有限公司 http://www.laigang.com/)

【思考问题】

1. 结合材料分析莱钢构建学习型组织的原因及特点。
2. 试分析学习型组织的创建对莱钢集团有什么作用。
3. 说说你从善于学习的莱钢集团中学到了什么。

第 11 章　国际企业管理案例

11.1　本章导读

进入 21 世纪,现代企业面临着更多的机遇和更为严峻的挑战。如何与国际经济接轨,如何真正建立现代企业制度,如何在新的、蓬勃发展的全球经济中赢得胜利,是每个企业管理者都必须研究的课题。国际企业管理是为企业发展提供全球化的理论指导、发展过程、管理方式、控制手段,以及经营战略的管理模式,主要研究国际企业环境、管理战略以及组织行为和人力资源管理等内容。

本章课堂讨论案例:"商业运作——汇源被收购事件"。以汇源果汁被可口可乐公司收购的商业运作介绍国际企业管理战略。适用于课堂讨论国际大型公司对于全球地区商业运作与国际管理战略的实施,进而研究国际企业的管理战略、战术,提高学生结合实际解决问题的能力。

本章课后思考案例:"百度的国际化进程"和"Google 与欧洲文化的冲突"。其中"百度的国际化进程"对百度公司开拓国际市场以及进行企业国际管理进行了分析。本案适用于研究企业发展开拓市场,进行国际化管理战略战术的选择。"Google 与欧洲文化的冲突"案例也让我们看到国际企业管理的另一面,从 Google 与欧洲文化的冲突中我们也应注意到在国际企业进入市场时应注意的环境等一系列问题。

11.2　课堂讨论案例

商业运作——汇源被收购事件

汇源集团,我国知名果汁产经销商,水果加工、饮料灌装等生产线均具世界先进水平,拥有 140 多个经营实体,建立了遍布全国的销售网络,形成了果汁、果业和农业互相促进与发展的产业格局。汇源集团的多项先进工艺技术,通过世界各国的质量、安全和环境管理体系认证,荣获驰名商标、名牌产品、用户满意第一品牌、农产品加工业示范企业、企业社会责任突出贡献奖等殊荣。

可口可乐公司,全球最大的饮料公司,拥有全球48%的饮料市场占有率,在200个国家和地区拥有160种饮料品牌,是全球最大的果汁饮料经销商。

一、收购事件发生

2008年9月3日,美国可口可乐公司宣布收购汇源果汁集团有限公司,计划收购其全部已发行股本和所有可转换流通债券及期权,成为我国食品及饮料业史上最大的收购案和国内最大的外资并购。可口可乐公司耗费巨资并购汇源果汁公司,汇源果汁公司又为何接受并购?让我们一起探究该并购案背后的原因。

二、可口可乐公司的收购动机

作为全球最大的饮料经销商,此次收购是可口可乐公司进入中国市场以来最大的收购纪录,也是其自成立以来的第二大收购案。可口可乐高价并购汇源果汁公司的动机是什么呢?

(一)饮料市场呈现的态势

可口可乐在碳酸饮料、可乐、纯净水、果汁、茶饮料等市场的经营都面临着很大压力,虽然可乐产品是公司的主营,但非碳酸饮料特别是果汁饮料在健康和营养方面更具市场竞争力。果汁饮料在美国超市所出售的饮料中占2/3,营养丰富的100%纯果汁销量最高。在我国,随着消费习惯的改变,对果汁饮料的需求也急剧上升。正是在国内外市场需求的推动下,可口可乐公司制定了加大果汁市场的经营战略。

(二)汇源品牌的吸引力

作为我国最大的果汁供应和出口商、中国最具影响力和市场竞争力的品牌,在我国纯果汁和中浓度果汁市场占据绝对的领导地位,所有这些都对可口可乐公司极具吸引力。如果收购成功,汇源果汁公司的品牌价值、市场份额、市场潜力和营销网络都将为可口可乐公司所用,将使其在同类企业竞争中占得先机。

三、汇源果汁公司接受并购的原因

朱新礼是汇源果汁的创始人、公司的董事长,致力于将汇源做成"百年老店",为什么选择将"全国果汁第一品牌"拱手转让呢?作为三大股东的达能集团和华平基金缘何也选择接受并购呢?

(一)超常的收购溢价

在全球市场经济低迷的形式下给出超常的收购溢价,提供超过74亿港元的股份出让款,朱新礼出任其名誉董事长,所有这些都具有极大的吸引力。达能集团受"娃哈哈事件"的影响,也正在逐步淡出在中国的合资,此次选择战略退出当属意料之中。作为财务投资者的华平基金,此次收购能够通过捆绑出售卖得高价。巨大的利益驱动使得三大股东最终选择了一致行动。

(二)资金及经营压力

果汁饮料的发展需要大量的资金投入,无论是原料基地建设、运输、加工、广告推广和销售通路都需要大量的资金。为解决资金问题,汇源果汁公司与德隆、统一组建合资公司,并引入了达能集团和华平基金。公司面临较大的资金压力:生产成本上升,营销成本增加,但价格却只能小幅提高。

(三)源头产业的诱惑

我国水果的产量和品种都非常丰富,但是大多数果汁饮料企业的原材料仍然需要大量进口。如果能够把果汁加工的上游做好,将有广阔的市场前景,于是果汁上游发展战略应运而生。汇源先后投资建设了400万亩名特优水果、无公害水果、A级绿色水果生产基地和标准化示范果园,以及50多个原料基地和30多家现代加工厂,在国内果汁的供应链上已经占了先机。

四、并购的反垄断审查

(一)申报标准分析

2007年,果汁市场的龙头汇源果汁公司的营业额达26.56亿元,而作为碳酸饮料的世界第一品牌的可口可乐公司在中国的营业额早在2005年就已超过100亿元。显然,两者在中国境内的营业额均超过了《反垄断法》中经营者集中的所有申报标准。因此,借此次收购来通过经营者集中审查,也是影响此次收购的重要因素。

(二)垄断性分析

2007年,汇源果汁和可口可乐公司市场占有率都在10%左右。虽然两家企业的相关子品牌市场占有率较高,如汇源百分百果汁及中浓度果汁的市场份额分别达42.6%和39.6%,可口可乐公司的果汁子市场份额达25.3%,但均未达相关市场份额的1/2。此外,两家企业并购后,在相关市场的份额合计也未达2/3。根据以上数据并结合中国的《反垄断法》,不能推定可口可乐公司通过并购取得了市场支配地位。而且商务部也表示,将坚持市场经济的原则依法行事,反对市场垄断,但支持正常的市场行为。

五、进一步反思

(一)品牌意识的培育

品牌是企业的生命力来源,是企业的无形资产。知名品牌经过长期的积淀并能带来民族自豪感便成为民族品牌,进一步得到世界的认可即发展为世界品牌。消费者的忠诚度和文化归属感,企业家的忠诚度和归属感,是在这个过程中特别重要的两个因素,缺一不可。虽然跨国公司的并购行为有助于企业融入国际市场,但很难想象一个国家不存在自己的民族品牌乃至世界性品牌,怎能在世界经济格局中占有一席之地,还拿什么来发展强大呢?

(二)民族品牌的保护

民族品牌的兴衰事关国家经济实力、国家形象和民族信心。任何国家的民族品牌受损并有可能对整个国家的经济造成连锁性的负面影响时,政府和民众都会积极挽救。传言美国百事公司打算并购法国达能时,法国政府积极调整政策,避免了并购的发生。美国也制定了一系列完备的政策性保护和扶植措施以防止民族品牌的流失,《购买美国产品法》和"301条款"从内到外为美国本土品牌提供了庇护。因此,我国除了需要努力培育民族品牌外,还需要从国家政策层面上提供必要的保护。

(三)企业家的退出机制

目前我国的企业家退出模式有四种情形:破产倒闭退出、子女接班、企业被并购和自然死亡。对朱新礼出售汇源果汁公司,不能仅从道德方面评判企业家的经济活动,但可以以此事件为契机来探讨如何实现企业家正常退出机制,并能够保证企业的可持续发展。

(资料来源:新浪财经)

【讨论问题】

1. 谈谈你对可口可乐收购汇源果汁集团有限公司的战略考虑。
2. 请你分析汇源果汁集团领导什么会同意被可口可乐公司并购。
3. 结合材料分析,为什么可口可乐能成功收购汇源果汁集团有限公司,从中你得到什么启示。
4. 请从民族品牌和全球经营的角度思考国内民族企业的发展战略。

11.3 课后思考案例

案例一:百度的国际化进程

一、企业简介

百度,是全球最大的中文搜索引擎、最大的中文网站。自 2000 年 1 月 1 日创建以来从最初的不足 10 人发展至员工人数超过 18000 人。如今的百度,已成为中国最受欢迎、影响力最大的中文网站,已经成为中国最具价值的品牌之一,英国《金融时报》将百度列为"中国十大世界级品牌",另外百度获得了"亚洲最受尊敬企业"、"全球最具创新力企业"、"中国互联网力量之星"等一系列殊荣。

二、百度国际化进程

百度掌门人李彦宏在美国工作时,曾供职于一家搜索引擎公司 Infoseek。公司的竞争对手用印第安语取名 Inktomi,意为"智慧的蜘蛛"。李彦宏深感公司不管叫什么名字,都可能被美国用户认同,于是公司注册成立时,他从中国宋词中选取两个字,取名"百度",公司就这样诞生了。

自 2002 年起李彦宏每年都在董事会上提出国际化的设想,但是都屡遭否定。2006 年年底,百度在中国得到很大发展的时候,宣布进军日本,虽然仍然遭到了许多质疑,李彦宏耐心说服,并坚信 15 年之后,百度的收入的一半以上会来自国外。另外,面对竞争者的不断挑战,百度的国际化之路首先从日本开始启动。

三、靠服务质量进行国际化

探索国际化的进程中,英语国家和韩国首先被排除。中国的企业走向国际化大都依靠低廉的劳动力,而作为免费互联网服务公司之一的百度靠什么走向国际呢?靠服务质量是百度国际化的一条可探索的道路。百度注意到雅虎和Google是在日本领先的搜索公司,近几年Google份额大幅上涨,认为日本市场还大有可为。

在进入日本市场之前,百度在日本雇用了日本一家互联网咨询公司对竞争对手的产品进行调研,发现即使Google仍没有做到针对日本网民定向设计产品,从而出现技术和用户体验脱离的现象。

四、百度寻求国际化的动因——本土市场满足不了百度的发展需求

从成立之初,百度在中国市场的表现可以说是相当出色,影响力巨大。2007年百度在搜索引擎运营商营收份额和网页搜索请求量方面,都比2006年有较大程度的提升,且远远高于竞争对手。这时候,创始人李彦宏认为作为一家发展速度的上市公司,下一步应该成长为一家国际化的网络企业。

五、"本土化"难题考验百度

百度进军日本市场之前,谷歌和雅虎两家公司已经基本上瓜分了日本网络搜索市场,谷歌占据了35%左右的市场,雅虎则控制了近60%的市场。要从两大搜索巨头手里争夺客户,难度非常大。因此许多人并不理解和认可李彦宏进军日本市场。但是李彦宏本人却对此充满信心,他要在日本践行他的"国际化即本土化"思想。他进军日本本土化最初的体现就是选择一名有丰富从业经验的日本人做百度日本总裁,这是容易做到的。2006年7月,百度内部正式开始日文搜索引擎的研发。在验证了可行性之后,百度建立了专门的日文搜索研发团队。2007年,将日文搜索上线,在日本组建本土团队,并把当年百度的创业方式复制一次。但是困难随之而来,百度终因本土化难题未能在日本解决而大受挫折。

六、百度国际化的进程

虽然在日本市场受挫,但是李彦宏做一家国际化网络企业的战略并

没有改变。近年来百度正将其业务大举向市场较为不成熟的国家,越南、泰国、马来西亚、埃及、巴西等都已经有百度的足迹。2012年百度充分调研后进入入阿根廷市场。

面对"全球一体化"的数字时代,百度要在未来的竞争中站稳脚跟,必须要走出去探索适合自己的国际化道路。李彦宏为百度国际化制定了下一个十年的明确目标:在世界一半以上的国家中成为家喻户晓的品牌;在世界一半以上的国家网页搜索中站稳脚跟。

七、写在后面的思索

百度国际化的最大问题,在于百度是否能够在市场中顺利嫁接在中国的战术上。日本市场的失败说明是不可行的。"更懂中文"帮助百度在中国取得成功,同时也失去了全球战略视野,在中国的成功并不具有普遍适用性,百度在中国市场上的中国烙印,很可能变成百度的镣铐。

(资料来源:腾讯网)

【思考问题】
1. 结合资料分析百度国际化的原因及其效果。
2. 结合资料谈谈你对百度国际化与本土化的评价。
3. 从百度国际化进程的尝试中,你得到了什么启示?你认为企业进行国际化应注意什么问题?

案例二:Google与欧洲文化的冲突

Google(谷歌)公司位于美国加州圣克拉拉县的芒廷维尤,是一家美国的上市公司,以私有股份公司的形式创立于1998年9月;Google网站于1999年下半年启动;2004年8月,Google公司的股票在纳斯达克上市,成为公有股份公司。

一、谷歌文化

Google致力于提供完美的搜索引擎,为用户提供高标准的服务,做到"确解用户之意,且返用户之需"。在这种理念的指引下,Google成为该领域的开拓者和业界领先的搜索技术公司。

(一)企业福利

工程师们被要求研究自己感兴趣的项目,一周至少有一天的时间用于此。Google News 之类的新服务品种就是在这种机制下出现的，吸引了大量的浏览者。在公司提供的免费班车和渡轮上设有无线互联网服务，员工在上下班时也能够工作。公司里几乎每一个人都有所建树，是行业的佼佼者，有的发明了我们使用的编程语言，有的开发过我们使用的桌面浏览器，有的为我们的课程编写过教材。

Google 内部保持了".COM"时代的奢华待遇：为员工提供免费餐点；员工可骑乘 Segway 电动滑板车或者 Green Machine 车往来于办公室之间；公司内部有很好的医疗服务，你可以在公司就能看牙医和家庭医师；产假期间员工能够领到 75% 的薪水，还能领到每天 50 美元的补贴作为"坐月子"津贴。

（二）创新氛围

"创意休息时间"激活了公司的创新氛围，带来了可喜的创新产品，这得益于公司的机制，工作时间内工程师可以花 20% 的时间来做自己感兴趣的事情。Gmail、Google 新闻、Orkut、AdSense 等产品的创意就是在这项政策的激发下创造出来的。

二、谷歌文化的欧洲困境

谷歌是当前欧洲大陆最流行的搜索引擎，但是存在隐私保护不够、版本保护以及市场垄断等诸多问题，由此引发了与立法、监管部门和消费者权益保护组织的矛盾。欧洲各国都纷纷出台政策，试图将其赶出本国市场。

各大报刊媒体也与谷歌矛盾重重，纷纷表示谷歌侵犯了他们的版权。如意大利发行商、德国的报纸和杂志发行商都对谷歌的侵权行为表示不满。虽然每个搜索引擎都存在侵权问题，但是其在欧洲所占的市场份额和垄断地位使其成为众矢之的，无论是竞争对手还是整个欧洲市场，都对其充满了不满和愤怒。

（一）意大利总理家族企业索赔 5 亿

在意大利，前总理贝卢斯科尼的家族公司告谷歌侵权，并颁布了互联网监管法令，提出了 5 亿欧元的天价索赔，使得谷歌在意大利经历了一场艰苦的战争。

（二）德国媒体向政府控告谷歌垄断

谷歌每年在德国的搜索广告收入是德国本土媒体网站广告的 12 倍

之多，这引发了德国报纸、杂志和发行商等媒体的不满，他们向政府提出控告，表达对谷歌垄断的不满。为此，德国反垄断部门搜集证据，司法部长施纳伦贝格尔公开称谷歌正变成全球垄断巨头。

（三）法国总统阻击谷歌数字图书

谷歌公司的电子图书，在法国也同样遭到阻击。法国前总统萨科齐反对谷歌将法国文学搬上网络并建议设立自己的数字图书馆。

（四）微软落井下石趁机攻击

诸多竞争对手包括微软都称谷歌在欧洲已占据统治性地位。事实是当时谷歌已占据了欧洲网络搜索市场80%的份额。谷歌的竞争对手，极有可能会在欧洲向谷歌发起反垄断诉讼。

（五）欧洲数字图书馆与谷歌数字图书馆的较量

目前Google已对大约700万册图书做了数字化处理，实现了100多万本书籍的在线全文搜索。全球有近3000多家图书馆和1万多家出版机构与其建立了合作关系，通过图书搜索推广书籍。在这种形式下，欧洲19所国家图书馆的负责人发表联合声明，表示在巴黎共建欧洲数字图书馆以对抗谷歌的"文化入侵"。

然而现实情况是谷歌的数字图书馆规模进展迅速并日渐扩大，欧洲数字图书馆却遭遇了经费和技术多重难题，不足以支持其抗衡谷歌的发展速度。

【思考问题】
1. 结合材料谈谈谷歌文化与欧洲文化的冲突表现在什么方面。
2. 欧洲的经济和技术环境对Google公司来说是否有利？请解释原因。
3. 跨国公司在进行扩展国外业务时，应注意哪些问题？

第 12 章　综合案例

本章导读：本章案例需要学生综合运用企业管理的知识，从不同的方面思考企业的管理状况。教师可以选择作为课堂讨论的案例，亦可留给学生作为课下思考案例，但是不设置思考问题，充分发挥学生的发散性思维，让学生运用所学知识将企业案例的问题总结出来，在课堂上进行研讨或者课下思考后形成案例分析报告。

案例一：淘宝网的神话

一、企业简介

淘宝网成立于 2003 年 5 月 10 日，由阿里巴巴集团投资创办。目前淘宝网是亚洲第一大网络零售商圈，其目标是创造全球首选网络零售商圈。淘宝网提倡诚信、活跃、快速的网络交易文化，坚持"宝可不淘，信不能弃"的宗旨。随着淘宝网规模的扩大和用户数量的增加，淘宝也从单一的 C2C 网络集市变成了包括 C2C、团购、分销、拍卖等多种电子商务模式在内的综合性零售商圈。目前已经成为世界范围的电子商务交易平台之一。

二、发展历程

（一）获得突破性增长

2004 年，当时中国最大的电子网站 ebay 易趣已经进入了第五个发展年头，而且公司业务在这一年获得了突飞猛进的发展。刚刚成立不久的淘宝网没有和 ebay 易趣正面竞争，而是在其封锁下积极抢占急速增长的增量市场。2004 年淘宝网业务得到了突破性增长，在中国仅次于 ebay 易趣成为第二名，公司曾经一度以每月 768% 的速度上升。在这个时候，中小产业集群对我国的实体经济产生较大影响，对淘宝网的发展也起到了决定性作用。

第12章 综合案例

（二）超越竞争对手——ebay易趣网

随着中国经济的强劲发展，淘宝也迅速进入急速发展期，2005年淘宝网一跃成为中国最大的电子购物网站。它的发展令业界瞠目，也让整个中国的经济界眼前一亮，它成为中国电子商务界甚至世界购物网站的一颗耀眼的明星。

（三）成为亚洲最大购物网站

2006年淘宝网一跃成为亚洲最大的购物网站，获得让全体国人都骄傲的业绩。它让人们认识到互联网不仅仅是一个应用工具，更可成为人们生活的一部分。

（四）亚洲最大的网络零售商圈

2007年淘宝成为亚洲最大的网络零售商圈，公司业务涉及C2C、B2C以及其他多种零售业态。

（五）公司拆分

2011年6月16日阿里巴巴集团宣布，旗下淘宝公司将分拆为淘宝网、淘宝商城和一淘网（etao）三个独立的公司。这三个公司分别承担原C2C业务、平台型B2C电子商务业务以及一站式购物搜索业务。

三、淘宝企业文化

马云对金庸的武侠小说非常喜爱并将它成功地应用到淘宝的企业文化里。特别是其公司的办公室，一走进去仿佛置身金庸小说里的武林圣地，武侠文化中的正义感和团队精神影响着公司员工的一言一行。阿里巴巴将员工分为三类：一类被称为"野狗"：有业绩但不符合公司的价值观；一类被称为"小白兔"：人品好、道德素质高、但没有业绩；另一类被称为是"猎犬"：业绩好而且有团队观念。对于"小白兔"可以培养使用，而对于"野狗"，公司一般会坚决清除。

（一）"六脉神剑"

这是淘宝企业文化的核心理念，主要包括六个方面：

①客户第一：客户是衣食父母；②团队合作：共享共担，平凡人做非凡事；③拥抱变化：迎接变化，勇于创新；④诚信：诚实正直，言行坦荡；⑤激情：乐观向上，永不放弃；⑥敬业：专业执著，精益求精。

对于"客户第一"，马云有精彩的诠释："出去时不要盯着客户口袋里的5元钱,你们是负责帮客户把口袋里的5元钱变成了50元钱,然后再从中拿走5元钱。"如果客户只有5元钱,你把钱拿来,他可能就完了,然后你再去找新的客户,那就是骗钱。客户完了,穷了,阿里巴巴也就完了。

(二)"店小二"文化

为了贯彻落实企业文化中"客户第一",服务至上的理念,淘宝所有工作人员包括马云在内都有自己的阿里旺旺,每个人都要在其旺旺名片上标有"淘宝店小二"标志,也就是所用员工都是服务员,所有的买家卖家都是淘宝网的客官,淘宝的工作人员都是要为客官服务的。淘宝非常重视服务,服务好客户是每一位工作人员的使命。

(三)武侠文化

淘宝网每个店小二入职时都会根据武侠小说中的正面人物取好自己的花名,他们在生活中用自己的名字,但在工作中必须用花名,这样使生活和工作能够有效分开,员工工作中的压力就不会带到生活中,生活的烦恼也不会带到工作中,这也正是淘宝提倡的"快乐工作,认真生活"。

(四)倒立文化

淘宝最初的办公场所是在杭州的湖畔花园小别墅里,大家工作累了,没有时间也没有合适地方运动,原地倒立的提议得到大家响应。真的做了倒立,他们发现世界变了,思维也变了,创新就来了,于是倒立作为淘宝的一个重要的文化被保存下来,公司每年也会举办各种形式的倒立比赛。

四、淘宝商业模式

(一)淘宝网产品与服务

1. 淘宝网产品

①阿里旺旺。阿里旺旺是淘宝网官方推荐的一种供网上注册用户之间沟通的即时通讯软件。通过这一服务,淘宝网不仅可以达到有效沟通客户的目的,而且可以保存交易聊天内容作为电子证据。

②淘宝店铺。淘宝店铺是指所有淘宝卖家在淘宝所开设的店铺,分为旺铺或者店铺。淘宝普通淘宝是由系统默认产生的新开店铺界面。淘宝旺铺是相对普通店铺而诞生的,是由淘宝提供给淘宝卖家的个性化店铺。

③淘宝指数。这是一款基于淘宝的免费数据查询平台,用户可以输

入关键词进行搜索,查看客户想了解的淘宝网上的关键数据和信息。

④快乐淘宝。这是淘宝网电子商务结合电视传媒的全新商业模式。2009年底,淘宝和湖南卫视共同成立公司"快乐淘宝",着力拓展电视网购市场。

⑤淘宝基金。这是淘宝网于2013年11月1日推出的一款基金理财产品。产品一推出,就吸引了泰达瑞利、国泰、鹏华、富国等多只基金在淘宝网上开店。

2. 淘宝网服务

淘宝网自成立以来,公司服务业务不断拓展,涉及橱窗推广、搜索推广、频道活动推广、组件推广、淘宝客推广、API工具等多种服务,极大地满足了消费者、商家等的各种需求。

(二)淘宝盈利模式

在充分竞争的市场环境下,淘宝网独特的盈利模式吸引着人们的目光。那么,它的盈利模式有何独特之处?

1. 即时沟通方面——免费策略

淘宝网从创办一开始就对买卖双方免费,这成了淘宝网的一个杀手锏,随后又推出的即时通讯软件——淘宝旺旺大大提高了彼此的沟通效率,同时也把买卖双方之间的交易变得更加透明化,在买卖双方、上下游企业之间建立了良好的盈利模式。

2. 支付方式方面——支付宝平台

网购的初期,由于不良卖家的负面作用影响着整个卖家的信誉,从而也影响着人们的网购积极性。为很好地解决这个问题,淘宝网创新性地推出支付宝业务。支付宝业务的开展和不断完善,使电子购物的商业信誉环境得到了极大的改善。另外,支付宝可以把买家汇来的钱收集起来进行投资以获得更大的盈利。

3. 技术与物流方面

在技术方面,淘宝网下大力气创新其网站构架,使界面更友好、操作更简便、功能更强大,从竞争对手处吸引了大量的用户。市场部门还适时推出了"蚂蚁搬家"的活动,为其最终盈利打下了良好基础。

在物流方面,最初都是单个卖家自行联系快递公司给买家送货,这样一来大多数卖家因自身发货数量不大而拿不到很低的价格,零散卖家更是一直全额支付。于是,淘宝网创始人马云就以淘宝网的名义跟速递公司谈。面对如此大的蛋糕,各速递公司纷纷降价以希望获得业务。最终,淘宝卖家每笔运费只需要支付8元钱给速递公司,还免费享受到速递公司的保价服务,这比以前每笔少了7元钱,大大降低了卖家的支出费用。

(三)信用模式

①淘宝网的实名认证。为了更好地维护商业信誉,淘宝网采取实名注册制。注册过程中,个人申请或者是商家申请,填写资料时,必须要提供本人身份证号码和和固定电话登记。另外,为核查信息是否准确,淘宝还积极与公安部身份证查询中心合作,请他们核对用户认证资料的真实性,并进行固定电话审核。一旦发现用户提供虚假信息,淘宝会随时终止与该用户的服务协议。

②公开透明的信用评价系统。为了给淘宝买卖双方诚信交易提供参考,保障买家利益,督促卖家诚信交易,淘宝网优化建立了一整套公开透明的信用评价体系。其基本原则是:双方成功进行一次交易后,可以给对方做出一次信用评价。评价分为"好评"、"中评"、"差评"三类,"好评"加一分,"中评"不加分,"差评"扣一分。淘宝的声誉系统还分别统计了用户作为买家和卖家的好评率,使消费者一目了然,并将用户的信用度形象划分为15个等级,从最低级的1颗红心到最高级的5颗皇冠。

(资料来源:阿里巴巴网、新华网、人民网)

案例二:史玉柱的"脑白金"传奇

史玉柱,出生于安徽怀远县,1989年研究生毕业后开始创业,重点开发中文电脑软件。1991年以注册资金1.19亿元在珠海成立了巨人高科技集团。1995年《福布斯》杂志排名,作为唯一高科技企业家排名中国大陆富豪第8位,后一夜之间负债2.5亿元。2000年,史玉柱凭借"脑白金"产品东山再起。而后2004年,史玉柱投资网络游戏寻找新的蓝海。2007年,旗下巨人网络公司在美国纽约证券交易所上市,总市值达到42亿美元,成为在美国发行规模最大的中国民营企业,史玉柱的身价突破500亿元;2009年3月12日,福布斯全球富豪排行榜,史玉柱以15亿美元居468位,在大陆位居14位;2012年史玉柱排名《财富》中国最具影响力的50位商界领袖第22位;2013年4月9日,巨人网络宣布史玉柱因个人原因辞去CEO一职,继续保留其巨人网络公司董事会主席的职务。

"脑白金"是2000年由史玉柱推出的一款保健品,在这款产品的经营中,史玉柱准确定位,采取特色广告营销,跳出了传统保健品的营销方法,创建了保健品行业一片新的蓝海。

一、十年保健品:混乱的红海

中国的保健品企业在20世纪90年代曾经有大小数百家,但是大部分发展几年都迅速陨落了。

这其中也包括很多知名企业,也是迅速成长迅即没落。当时大多企业营销的手段就是大幅度地投入广告,像1990年崛起的飞龙依靠广告成为全国性品牌,但它其后也败在广告之下;后来的巨人集团、三株口服液也通过广告赢得了较好的市场,但辉煌一阵后也很快坠落了。这种过度频繁的诞生与死亡,使整个保健品业成为一片血腥的红海。

二、"脑白金"再造销售神话

史玉柱是一个传奇人物,他的传奇在于他的事业不断地大起大落:巨人集团这个他一手创办的保健品公司在当时拥有长时间的辉煌,却在辉煌中一夜崩塌;而他销声匿迹几年之后又再度卷土而来。

1999年,史玉柱在上海成立新公司,取名为上海"黄金搭档"生物科技有限公司,主营仍然是保健品。他在深刻反思中国保健品市场以及巨人失利的原因后,决定从什么行业摔倒,再从什么行业爬起来。三年后的2002年,一句广告词"今年过年不收礼,收礼只收脑白金"通过电视迅速响彻大江南北。"脑白金"的名字伴着这一广告飞入千家万户,随着而来的是"脑白金"销量迅速攀升,知名度也迅速提升,公司随后推出的"黄金搭档"也取得了很大的成绩。不到两年的时间,"脑白金"、"黄金搭档"先后都成为中国知名品牌,"脑白金"还连续四年夺得中国保健品单品销售第一名。"黄金搭档"2002年开始投放市场,2003年的销售额就比2002年增长了3.98倍。"脑白金"、"黄金搭档"一时间成为中国保健品单品销售的冠亚军。

三、创新概念,开创蓝海

"脑白金"的主要成分英文名为melatonin,中文翻译为人脑松果腺体素,也叫"褪黑素",其主要功效是改善睡眠,这种安眠食品美国在1995年后广泛销售。

事实上,在"脑白金"之前,国内已经有多家保健品公司为美国公司做产品销售代理。由于是同种成分的产品,这些保健品公司在国内的恶性竞争使彼此很快纷纷关门。而史玉柱研究发现,中国的保健品分为两大类:一类产品具有安神助眠的作用,还有一类产品具有帮助消化的作用,但却没有一种知名产品同时具有以上两个作用。他敏锐地意识到他的目标市场就是能同时解决这两个问题的产品。于是,史玉柱研制了一种助消化的天然植物口服液,同时引进了美国melatonin产品,由"口服液+melatonin"组合创新了一种新保健品——"脑白金"。同时,还注册了"脑白金"商标,并声明只有melatonin而没有口服液的产品都不是"脑白金"。就这样,史玉柱开创了一片保健品新市场,而且"脑白金"设置了竞争壁垒。

四、礼品定位下的保健品

中国的保健品大都定义为一种"药品",而"脑白金"从一开始就宣传是一种能带给人健康的礼品,并极力宣传一种送礼更要送健康的消费理念。在保健品身上增加礼品概念的战略定位,正是史玉柱前期总结中国保健品失败经验的基础上的一次创新。

将"脑白金"定位为礼品比其他保健品有几个方面好处:一是销售渠道更广。"脑白金"保健礼品不仅可以在传统药店销售,而且可以利用商场、超市销售,这样产品被购买的可能性就加大了。二是营销方式多样。将"脑白金"定位为礼品之后,就可以进行灵活多样的广告促销,而不用受工商、药监等部门的审查和控制。这样一来,在营销方面"脑白金"不仅形式上灵活了,成本也大大降低了。三是利润空间大。礼品的定价原则与保健品不尽相同,受品牌、促销、惯性以及消费者对心理、物质及精神的需要的影响,将"脑白金"定位为礼品之后,产品价格可以是竞争者产品价格的几倍、十几倍,产品利润倍增。四是迎合传统风俗。中国是一个节日和庆典比较多的国家,自古以来中国民间就有互赠礼品表示祝贺的风俗习惯,这样一个背景也给"脑白金"的礼品定位奠定了基础。

五、"第一恶俗"广告显神威

有了超前的礼品定位,史玉柱还要积极宣传其先进的消费理念。于是采取广告宣传策略来迅速打开市场又成为公司使用的一种重要方式。"脑白金"广告曾被网友评为"第一恶俗"广告,更是被业界人士骂毫无创意,然而事实证明在"脑白金"的发展史上这则广告功不可没。从销售量上来看,"脑白金"销售额超过一百亿,在中国的保健品市场获得了很高的市场认同率。

史玉柱运用了软硬结合和差异化的策略来设计"脑白金"广告。第一,软硬结合战略。即软文广告与硬性的电视广告相结合。采用软文广告,是"脑白金"的又一项创新,"脑白金"如果在一个地区开展广告宣传,总会在人员密集区向当地老百姓免费发送一些文字资料和书籍,宣传"脑白金"产品和其工作原理,便于人们认同和接受"脑白金"。第二,差异化策略。"脑白金"广告很少请明星,而是采用电脑制作的两个卡通人物,这既节省了聘请明星的高额费用,又给人耳目一新的感觉。另外,"脑白金"广告呼应礼品定位,不像一般保健品广告大力宣传功效,而是积极向消费者传递"脑白金"是一种时尚、健康、值得送的礼品。

六、不一样的价值曲线

史玉柱麾下的"脑白金"产品不走寻常路,发展路径清晰而又新颖:产品创新设计,既能帮助改善睡眠,又能解决消化问题;产品定位上侧重为时尚健康的保健礼品,而弱化了保健品性质,迎合了中国人喜欢送礼的习惯和重视健康的心态;广告中设计中采用动画人物,相比明星代言新奇而又经济;提高了分销能力加大了销售力度。这帮助史玉柱成功的开创了一片效益广阔的蓝海,也把其他保健品企业远远地抛在了后面。"脑白金"像史玉柱本人一样变得个性鲜明而难以复制,该高则高该低则低而伸缩自如。

尽管很多人对"脑白金"的恶俗广告仍然不屑一顾、不以为然,但是我们不会否认,在商场如战场的这条艰难发展道路上,善于剑走偏锋又一次获得了巨大成功。他以一种近乎极端的方式告诉人们:彻底颠覆传统的思维定势,是成就商业蓝海战略思想和前提;大胆的、偏执式的营销,可能让你死亡,也可能成就轰动性的成功;史玉柱用自己的实践证实了安德鲁·格鲁夫的那句名言:唯有偏执狂才能生存。

(资料来源:中国公共关系网)

案例三：玫琳凯——资本运营与营销模式创新

1963年，玫琳凯·艾施女士怀着帮助女性获得个人成长与经济成功的愿望，在美国德克萨斯州达拉斯市创办了玫琳凯公司，从此开始了一段非凡的商业传奇。如今，玫琳凯已成为全球顶尖的美容品牌和直销商，年销售额超过30亿美元。玫琳凯业务遍布全球35个国家和地区，拥有超过300万名销售队伍。

一、玫琳凯的发展历程

1963年9月13日，玫琳凯·艾施女士在美国达拉斯创立了玫琳凯化妆品公司，她的最初的基本投入：一间只有500平方英尺的店铺，5000美金的积蓄，她的儿子理查德以及九个美容顾问。从公司成立的第一天起，玫琳凯在内心就树立了她创办这家公司的目标：让更多的女性有更好的工作机会，为消费者提供高质量的产品，这就是她的"丰富女性人生"计划。

两年之后的1965年，玫琳凯化妆品公司开始销售男士皮肤保养产品以开拓男士化妆品市场。1992年公司经历30年的发展成为"财富"全美500家大企业之一。1995年玫琳凯首次进入中国，成立玫琳凯（中国）化妆品有限公司（下文称"玫琳凯中国"），并成为中国首批直销公司。为积极做好中国市场的销售，1995年4月份玫琳凯在浙江省杭州市成立美国本土以外唯一一家海外生产中心。1998年，经国家相关机关批准，玫琳凯中国公司成功转型为完全合法的中国第一家专业化妆品公司。2006年，玫琳凯投资2亿元升级了位于杭州市的亚太生产中心。2007年玫琳凯中国将其总部迁至上海。2010年，玫琳凯中国第七次被中国统计局评选为"全国化妆品制作行业经济效益十家企业"第一名。2012年公司在苏州建立信息数据中心，支持销售队伍在线订单和业务管理。经过十余年的发展，玫琳凯在中国已建立了35个地方销售中心，从销售量来看中国已成为玫琳凯在全球最大的市场。

二、玫琳凯中国的创新经营管理

玫琳凯中国的成功，既需要管理者高超的管理智慧，也需要技术人员、工人严格执行标准。

从管理方面来看，玫琳凯中国绝大多数高管都有丰富的实践经验，在公司都工作了十年以上，且都对公司有很高忠诚度。他们热爱公司"以人为本"的企业文化，并在实际工作中严格贯彻"无缝合作"的员工行为模式。

另外，在质量控制方面，玫琳凯有一批训练有素的质量控制团队对产品质量进行层层把关，这样的团队包括专业研发人员、化学师、技术员、质量工程师、检验员等等。如玫琳凯质量保证团队平均每年要进行大量的试验和测验：超过1000次产品稳定性研究试验；完成超过10000次产品分析测试，以及25000次产品包装材料测试；完成超过30000次原料和成品测试。

三、独特的顾问式营销管理模式

作为直销公司的玫琳凯，主要依靠全国各地庞大的销售队伍进行产品销售从而获得效益，玫琳凯中国对销售队伍提供产品、培训和服务，被派驻美容顾问进行服务、辅导和管理，而公司和销售队伍没有雇佣关系。

在玫琳凯中国有一批"首席授权经销商"（以下简称"首席"）的销售队伍，她们都是非常出色的女性，不仅担任产品的形象代言人，而且负责服务、辅导和管理公司美容顾问和经销商。此外，玫琳凯中国还搭建起了不同部门间的被称为无缝合作的销售队伍完善管理体系：一方面，销售部会通过其后台系统帮助首席做好工作，而销售发展的员工则会同时做好首席及首席区域的主要成员的辅导，确保她们领会公司发展方向和重要策略；另一方面，玫琳凯中国在地方建立的35个分公司，都在积极努力维护与发展本地区的工作。

四、一对一销售模式

一对一销售模式是玫琳凯公司特有的一种营销方式，这既保证了玫琳凯对顾客贴心的管家式的服务，同时又可以确保顾客获得最佳的自我保健肌肤的方法。

顾客初期接触产品服务时，美容顾问首先需要掌握顾客在皮肤护理方面方面的信息，找出没有注意到的问题，主要内容对自己的皮肤的认识、历史保养状况和个人信息。这种沟通对于美容顾问做好产品服务来说至关重要。

做好对顾客基本信息的了解之后，美容顾问开始为顾客指定一个产品购买和美容服务计划,顾客获得的除了产品,更多的是专业的美容意见、丰富的美容知识以及先进的美容观念。

玫琳凯公司在全球雇用了90万名"美的咨询者",她们用正常价格的一半从公司拿到产品进行独立推销,自己决定工作的时间和地点。她们会组织安排一系列的免费美容课,邀请一些潜在的消费者参加,亲自讲解和演示产品的使用,通过不断的协调沟通以吸引消费者购买产品。

让潜在消费者参与美容课,了解美容知识,进而购买玫琳凯的产品,这正是玫琳凯所推崇的。因为只有一个女人有机会用这种方式学会皮肤护理时,她才会去购买她所需要的那些产品。

(资料来源:中国直销网)

案例四:匹克与NBA的战略合作

福建匹克集团有限公司,创立于1989年,是一家以"创国际品牌"为企业宗旨,以"打造百年卓越企业"为目标的企业。主要从事设计、开发、制造、分销及推广"PEAK匹克"品牌的运动产品,包括运动鞋类、服装及配饰。NBA——美国国家篮球联盟(National Basketball Association)的缩写,该协会一共拥有30支球队,分属两个联盟:东部联盟和西部联盟;而每个联盟各由三个赛区组成,每个赛区有五支球队。30支球队当中有29支位于美国本土,另外一支来自加拿大的多伦多。

一、匹克的经营理念

匹克把主体消费群定位在18~30岁的篮球运动员和爱好者,以专业、舒适、耐磨的专业篮球装备为主导,倡导不断战胜自我、挑战极限的进取精神。试图走品牌国际化路线,志在打造有鲜明品牌个性的篮球运动装备第一品牌。

二、NBA的商业策略

(一)全球化推广

1998年以前,中国人对NBA还不太熟悉,为了扩大在中国的影响,当时NBA免费赠送了一些节目内容和信号在中国的电视台播放;另外,NBA官方还免费请央视到现场直播明星赛和总决赛。2005年秋天,

NBA 的球迷互动活动 Jam Van（大篷车）首次在美国本土以外的中国举办，这些活动让更多的中国球迷亲身体验了 NBA。

此外，为让全球更多的球迷欣赏到精彩的 NBA 赛事，他们不断加大全球电视转播网络并充分做好 NBA 官方网站。一半以上来自海外的 NBA 官方网站访问量使其成为美国本土海外访问量最大的网站。

（二）实力雄厚的市场合作伙伴

NBA 最初没有任何商业元素，只是做到自娱自乐。在很长的一段时间里，电视台一直免费转播 NBA 的比赛。一直到 1973～1974 赛季，哥伦比亚广播电视台意识到其中蕴含的巨大商机（CBS），与 NBA 签订了三年有偿转播合同，支付了 2700 万美元的转播费。之后又 4 次续约，1986～1987 赛季支付了高达 1.74 亿美元的转播费。另外，NBA 与 TNT 公司签订从 2002 年到 2008 年 22 亿美元有线电视合同。当然，NBA 的广告收入远高于这些，NBA 联盟的运动鞋、运动服装合作品牌有阿迪达斯、耐克、锐步，饮料有可口可乐，食品有麦当劳，网络有 AOL（美国在线），娱乐有迪斯尼、时代华纳，可以说世界知名品牌都热衷于从与 NBA 的合作中获得更大的收获。

（三）"造星"工厂

从 2002～2003 赛季姚明加盟火箭队的几年里，火箭队的价值，从 2.55 亿美元一路飙升至 2005 年度的 4.22 亿美元。奥尼尔加盟热火队，也让其价值从 2.36 亿美元攀升到了 3.62 亿美元。

超级巨星的加盟可以大大提高主场球迷的上座率，也会带动球队其他相关产品的销售。尤其是姚明、乔丹、奥尼尔和詹姆斯等超级巨星都会大大提高体育品牌的影响力。维德的逐渐发力让他的球衣热卖，这让拥有热火队所有相关产品授权的球队成为最大赢家。

（四）产品的无限外延

斯特恩出任 NBA 总裁 20 年间，NBA 的总资产翻了 5 番，这创造了 NBA 发展史上的奇迹。在运作理念、市场推广、经营手段和国际化进程等方面他都进行了大刀阔斧的改革，并建立了如有线电视、网站、商店、流动大巴等娱乐项目，形成了推广篮球联赛的固定的运作模式。

在各种各样的比赛之外，选秀大会、海外比赛、篮球嘉年华、全明星赛、篮球无疆界、NBA 训练营、篮球大篷车等为其产品作了无限的外延。NBA 还通过制作发行影视产品，出售录像带、音乐、光盘等多媒体产品获得了丰厚的效益。

三、匹克与 NBA 的合作之路

作为中国最早的专业化运动品牌之一，匹克自成立以来迅速发展并成为中国运动知名品牌，安踏、鸿星尔克等运动品牌则依靠"体育明星代言央视体育频道广告"的方式迅速占领了全国市场，匹克的处境岌岌可危。如何重振雄威成为摆在匹克高层管理者面前的最大难题。

2004 年，正当众多国内运动品牌还在水涨船高地竞争国内体育资源时，匹克以较低的费用支出成为乌兹别克斯坦和希腊两国国家篮球队的运动装备供应商。由于代言国外球队，匹克很快因独辟蹊径引起关注，这成就了匹克的再次成功，也成为今天"匹克模式"的雏形。

下面是匹克与 NBA 战略联盟的进程：

2002 年 6 月 26 日，姚明进入 NBA，给中国企业和 NBA 在中国的发展带来光明。

2005 年 12 月，赞助火箭队主场休斯敦丰田中心，国际化战略进程启动。

2006 年 9 月，重金签下球星肖恩·巴蒂尔，担任品牌形象代言人。

2007 年 11 月，与 NBA 结成官方市场合作伙伴关系，完成品牌的再一次升级。

2007 年 11 月，赞助 NBA 雄鹿队主场并与之结成战略联盟。

2008 年 10 月，队长贾森·基德签约为匹克新的全球代言人。

2008 年 12 月，火箭队、达拉斯小牛队以及洛杉矶湖人队和克利夫兰骑士队的多名主帅成为匹克品牌的全球代言人。

2013 年 1 月，签约 NBA 超级巨星托尼·帕克为全球新的形象代言人。

匹克成为中国体育品牌第一个一次性签约五位球员，签约外籍球星最多的企业。

四、匹克与 NBA 的收获

NBA 带给匹克巨大收益：匹克通过国际赛事营销在 NBA 和全球的知名度不断提升。NBA 现在已经成为一个全球性的体育赛事，不仅在美国和中国，在亚洲的其他国家和地区、在欧洲甚至在非洲的部分地区都已经非常流行。匹克投资NBA的同时,也扩大了在全球的影响力。在金融危机并没有完全消除的今天,国内一些知名体育品牌正在紧缩自己并关闭部分专营店。而相反,匹克不仅没有受到太大影响,反而销售额和市场占有率有了一定程度的提升。

匹克带给NBA的收获:现在中国大陆已经成为NBA在海外的最大市场,可以说中国市场在很大程度上控制着NBA的商业成败。NBA与匹克的紧密合作,使其商业模式发挥到了极致,让NBA走进了中国的千家万户,使NBA每年的商业收入逐年增长。

总之,无论是匹克对于NBA,还是NBA对于匹克,都是成功的,这就是当今社会双赢所带来的商业价值。

(资料来源:搜狐网)

案例五:吉利收购沃尔沃

浙江吉利控股集团成立于1986年,具有灵活的经营机制,坚持自主创新,收购沃尔沃后资产总值超过1000亿元,是中国汽车行业十强企业、中国企业500强企业和国家创新型企业。

一、吉利收购沃尔沃的原因

(一)战略转型的需要

吉利最初的产品以价格便宜而获得大量的中低市场。随着消费者对汽车环保及安全品质要求的不断提升,实力不断雄厚的吉利又重新进行战略定位,提了"生产世界上最环保、最安全的车"。沃尔沃独家研发的先进技术和专利使得其旗下的汽车在安全和节能环保方面极具优势。吉利总裁李书福看重的就是沃尔沃的知识产权和先进技术,对于吉利实现战略转型是一大笔技术财富,因而沃尔沃成为适合吉利的首选购买对象。

(二)民营企业走出去的需要

作为民营企业吉利一直以较低的价格赢得国内市场,没有很好地走向国际市场,在国际市场上尤其是欧美发达国家市场上没有自己的知名度。因此,无论是价格还是品牌,吉利汽车都烙有"草根"的印记,如何打入国际市场具有很大的挑战和困难,收购品牌无疑是吉利打入国际市场的捷径。

(三)学习和提高市场营销能力的需要

沃尔沃在近百年的发展过程中,通过体育营销和大成本的营销定义了自身的品牌特色,也形成了自己特殊的用户群。对吉利而言,学习外资品牌的营销策略是其进入国际市场的重要前提。

(四)李书福破釜沉舟的决心

吉利收购沃尔沃的成功,还在于吉利掌舵人李书福的个人魅力。"改变自己的命运,只有靠自己的努力",李书福冲破各种压力,对汽车梦的无比坚持,使其在数次遭到福特拒绝时并未放弃。为达到收购成功的目的,李书福表现出破釜沉舟的决心,成功化解了沃尔沃工会的刁难,最终使吉利收购了沃尔沃。

二、福特出售沃尔沃的原因

(一)战略原因

在"一个福特,一个团队"的指引下,福特在严重亏损的状况下,决定缩减规模,先后将一些知名品牌阿斯顿·马丁、捷豹、路虎以及拥有的20%的马自达股份出售。出售其旗下的另一个世界知名品牌沃尔沃也是战略发展的一部分。

(二)经济原因

福特自收购沃尔沃轿车后销售额一直下滑,自2005年连续5年亏损,亏损额每年均在10亿美元以上,金融危机使亏损更加严重,沃尔沃成为福特汽车的巨大包袱。同时,福特汽车出现巨额亏损,于是福特急于丢下沃尔沃这个烫手的山芋。

(三)市场原因

受金融风暴的影响,汽车市场近年来呈萎缩态势,对于沃尔沃福特明显回升乏力,大的国际环境使福特继续持有沃尔沃的风险加大。

三、福特选择吉利的原因

(一)吉利的发展和尊重

吉利尊重知识产权,有良好的企业文化,近年来发展迅速,而且有成功的海外收购经验,对沃尔沃的发展有雄心勃勃的规划,而且吉利集团对于收购沃尔沃作出的一系列承诺更进一步促进了收购的成功,这些承诺包括保留沃尔沃单独的运作体系、不干涉其运营管理、保留高管团队、不转移工厂和不裁员等。

(二)对竞争对手的担心

作为世界知名企业的福特在发展过程中,不断遇到强有力的竞争对手。而如果沃尔沃拥有的顶尖的技术和专利被竞争对手获得,无疑就降低了自身而增加了对手的竞争砝码,因此福特并不想将沃尔沃出售给自己的劲敌。而吉利作为一"草根",不对福特构成威胁,这个优势使得吉利收购沃尔沃成为可能。

(三)中国车市场的吸引

受国际金融危机的冲击,许多国家的消费者购买力大幅下降,国际上一些知名品牌的汽车销量大幅萎缩。而中国豪华车市场却呈现超过40%的增速,其中沃尔沃轿车增速显著。大好的中国车市场,使得吉利收购沃尔沃,沃尔沃扭亏为盈具备了无限可能,并成为明智之选。

四、吉利并购沃尔沃SWOT分析

(一)优势(S)

1. 收购双方的销售市场优势互补

沃尔沃一直坚持汽车的高端市场,而吉利公司以前一直维护的是国内中低档汽车市场,因此两个公司的原销售市场互不冲突。合并后两个销售市场能够做到优势互补,有利于形成更强、更全面的销售整体。

2. 国有银行和政府的资金支持

中国政府和银行对收购后的市场前景非常乐观,全方位支持吉利的收购活动。多家国有银行包括中国银行在内承诺为吉利提供至少10亿美元的贷款,而且利息非常优惠。强大的支持为吉利扫除了后顾之忧,使其能够放心大胆地开展收购。

3. 吉利自身具有较强的造血功能

吉利成功在中国香港证券交易所上市,融资能力大大增强。自身的造血功能加强了,能够较好地吸引投资者。

4. 买到100%股权与知识产权

吉利集团花费18亿美元买到了沃尔沃这个国际高端汽车100%的

股权与知识产权,能够达到资源的最大利用和受益,这对于吉利集团的发展是个重大利好。

5. 保留原有厂区,在中国建设新厂

收购后,集团将保留在瑞典和比利时现有的工厂。同时,也将在中国建设新的工厂。沃尔沃的管理团队将继续全权负责日常运营,并推动其中国市场的发展,使得生产更贴近中国市场。

6. 拟依赖中国市场实现两年扭亏

吉利将不会改变沃尔沃的品质,保留其安全、高品质、环保等核心价值,继续巩固其在安全、环保领域的全球领先地位,在中国的巨大市场需求下,吉利将预计两年之内实现在中国市场的扭亏。

7. 低成本优势巨大

中国的劳动力成本低廉是一个重要的资源,吉利低成本、低售价的核心竞争力在中国本土极具优势,"造老百姓买得起的好车"的公司发展战略顺应了市场需求,低成本优势巨大。

(二)劣势(W)

1. 管理经验有限

经过近百年的发展,沃尔沃自身的生产和管理已经非常成熟和标准,而处在初级阶段的吉利汽车各方面发展不够完善,如何在收购以后做好协调管理工作,对吉利是个巨大的考验。

2. 人才战略实力受限

收购这样一个著名品牌之后,如何聚集知晓汽车战略和运营汽车产销策略的将帅之才,将是吉利面对的一个值得思考的问题。面对沃尔沃层次复杂的资产和品牌结构,吉利领导人需要对沃尔沃的发展和国内生产水平进行合理的协调。

3. 巨大的品牌悬殊是吉利收购后面临的重大难题

"造中国人能买得起的好车"是吉利的口号,在媒体的宣传下使得吉利在国内汽车市场上一枝独秀,但其市场购买力并不强。与沃尔沃的结合将面临如何整合品牌悬殊的重大难题。

4. 文化方面存在巨大差异

任何一个企业的发展和成长都与它所在的国家和地区的文化息息相关,而具有瑞典文化特质的沃尔沃和具有东方中国文化特色吉利走到了一起,如何更好地协调和解决彼此的文化差异需要管理者做出很多的努力。

(三)机会

1. 将为中国汽车行业注入新的血液

沃尔沃拥有先进技术和管理理念,它的加入必将有效缩短吉利做大做强实现国际化的步伐,同时为中国汽车行业注入新的血液和活力。

2. 经济危机,金融风暴带来了契机

受全球经济危机的影响,沃尔沃出现严重亏损,这给了日益强大的中国企业海外并购一个很好的机会,用较低的成本拥有汽车国际品牌和其核心技术与国际营销渠道,为企业自身也为中国汽车产业实现技术跨越提供了一个捷径。不得不说金融危机带给了吉利收购国际品牌企业打入国际市场的机会。

3. 不断增长的海外需求使得吉利收购成为可能

中国汽车的海外需求呈增长趋势,轻型载货汽车、本土、高端车型在国内具有很好的市场需求前景,我国的自主品牌轿车也大批量地进军国际市场,不断增长的海外需求使得吉利收购成为可能。

(四)威胁(T)

1. 竞争激烈的高端豪华车销售市场

目前在中国高端豪华车销售市场,充斥着奥迪、宝马、奔驰这三大高端豪华汽车生产巨头,谁都想从中国车市这个大蛋糕中分得利益,竞争态势可想而知。如何从其中分得一小块蛋糕,如何将沃尔沃的市场从北美和欧洲转战亚洲地区,都考验着吉利集团。

2. 国外法律和劳资的矛盾

国内大部分企业对劳工组织都不是很重视,劳资纠纷是影响中国企业走出去的重要因素,如何解决好这个问题,是影响吉利收购后内部稳定的重要问题。

3. 低价政策带来的副效应

近几年中国汽车以低廉的价格迅速进入国外市场,但呈现出口平均价格逐年下降的状况。这种做法树立了众多的竞争对手,也丧失了良好的出口环境。如果吉利长期依靠低价取胜,将不利于其可持续发展。

(资料来源:新浪网、新华网、人民网)